LES CENT CINQVANTE PSEAVMES DE DAVID,

NOVVELLEMENT MIS EN MVSIQVE A QVATRE PARTIES, PAR C. GOVDIMEL.

TENOR.

PAR PIERRE DE SAINT-ANDRE.

M. D. LXXX.

A MONSEIGNEVR, MONSIEVR ROGER DE BELLEGARDE, GENTILHOMME ORDINAIRE DE LA CHAMBRE DV ROY,

C. GOVDIMEL.

ODE.

COmme iadis les poëtes,
Les Sybilles & Prophetes,
Remplis d'vn diuin esprit,
Au Dieu des dieux le pl⁹ sage
Encommencerent l'ouurage
Qu'ils coucherent par escrit:

Ainsi moi dont la poitrine
Se meust, s'eschauffe & mutine
Par mains accords bien reduits,
A toi qui es l'Accord mesme,
Ie presente le proëme
De l'œuure que ie conduis.

Œuure porté ſur les ailes
Des louanges immortelles
Du Dieu iadis adoré
Par la troupe fugitiue,
Qui vit la deſerte riue
Du pays tant deſiré.

Car comme la renommee
De la Harpe d'Idumee
S'eſpand dedans l'vniuers,
D'autant qu'vn Roi plein d'adreſſe
A la corde chantereſſe
Daigna marier ſes vers:

Ainſi ceſte melodie,
Faite beaucoup plus hardie,
Ira ſuyuant pas à pas
De ces louanges ſacrees
Les routes plus aſſeurees
Contre l'oubli du treſpas.

Tellement que la nobleſſe
De ceſte antique Deeſſe
Iointe à ſon premier bon-heur,
Au lieu d'amours & de noiſes
Dedans les bouches Françoiſes
A recouure ſa grandeur.

C'eſt ceſte meſme nobleſſe
Pour qui l'on dit qu'en la Grece
D'vn ſeul nom eſtoient nommez
Les annonceurs des preſages,
Les Muſiciens, les ſages,
Et les poëtes eſtimez.

Ceſte grandeur recouuerte
Rendra la ville deſerte
Où regnent les voluptez:
Et la Muſique diuine
Seruira de medecine
A toutes aduerſitez.

Car comme les Platoniques
Penſent que les Republiques
Et Royaumes terriens
Changent, ainſi que ſe change
L'entreſuitte & le meſlange
Des accords Muſiciens:

Ainſi ceſt accord celeſte,
Qui pourſuit & qui deteſte
L'empire de Cupidon,
Fera que verrons changee
D'amour la flamme enragee
En vn celeſte brandon.

Qui eſt-ce donc qui merite
De ces Accords la conduite
Sinon vn qui ſoit né tel
Que la diſcrete ſageſſe,
La vaillance & la nobleſſe
Doit vn iour rendre immortel?

Ce ſera toi, Bellegarde,
Que Dieu de ſon œil regarde,
Qu'vn roi cherit de faueur,
Que toute la France honore,
Que ie priſe, & qui encore
As du tout gaigné mon cœur.

Qvi au conseil des malins n'a esté, Qui n'est au trac, Qui n'est au trac des pecheurs arresté, Qui des moqueurs au banc place n'a prise: Mais nuit & iour La Loi contemple & prise De l'Eternel, & en est desireux: Certainement cestui la est heureux, cestui la est heureux.

Beati, quorum remiſſæ ſunt.
PSAL. XXXII.
C. M.
Bien heu- reux celui, dont les cõmiſes Tranſgreſsions ſont par grace re-
mi- ſes! Duquel auſsi les iniques pechez Deuãt ſon Dieu ſont couuerts & ca-
chez! O combien plein de bonheur ie repute, de. ii.
L'hõme, à qui Dieu ſon pe-
ché point n'impute! Et en l'eſprit duquel n'habite poin:
D'hypocriſie & de fraude vn ſeul

Quàm bonus Iſrael.
PSAL. LXXIII.
T. B.
4
point.&c.
ii.
I eſt ce que Dieu eſt treſdoux A ſon
Iſrael, voire à tous, A.
ii.
Leur conſcience entiere & pure. Mais
i'ai eſté tout preſt à voir, Mais.
ii.
Mes pieds le bon chemin laiſ-
ſer: Et mes pas tellement gliſſer, Que me ſuis veu tout preſt de choir.

Dixit iniustus vt delinquat. PSAL. XXXVI. C. M.
D
V malin le meschãt vouloir Parle en mõ cœur & me fait
voir Qu'il n'a de Dieu la crain- te: Car tant se plaist en son erreur, Que l'auoir en
haine & horreur, C'est biẽ force & contrain- te. Son parler est nuisant
& fin: Doct ine va fuiant, à fin De iamais bien ne fai- re: Sõge en son lict meschance-

té, Son ii. Au chemin tors est arresté, A nul mal n'est contraire.
R sus tous humains Frappez en vosmains, Qu'on oie sonner, Qu'on oie enton-
ner ii. Le nom solennel De Dieu e- ternel. C'est le Dieu treshaut Que crain
dre il nous faut: Le grād Roi qui fait Sentir en effet Sa force au trauers ii. De tout l'vniuers.
Ten.
B

Domine, in virtute tua. PSAL. XXI. T. B.
SEigneur, le Roi s'esiou- ira D'auoir eu deliuran-
ce Par ta grande puissance. O combien ioieux il sera, D'ainsi soudain se
voir, D'ainsi soudain se voir Recoux par ton pouuoir!

Quid gloriaris in malitia?
PSAL. LII. T. B.
6
D
I moi, mal heureux, qui te fies. En ton authori-
té, D'où vient que tu te glorifies De ta meschan- ceté? Quoi que
soit, de Dieu le secours A tous les iours son cours.

Exurgat Deus. PSAL. LXVIII T. B.
Q
Ve Dieu se monstre seulement, Et on verra soudainement Abandonner la
place Le camp des ennemis espars, Et ses haineux de toutes parts Fuir deuant sa fa-
ce: Dieu les fera tous s'enfuir, Ainsi qu'on voit s'esuanouir Vn amas de fumee:
Comme la cire aupres du feu, Ainsi des meschans deuant Dieu La force est consumee.

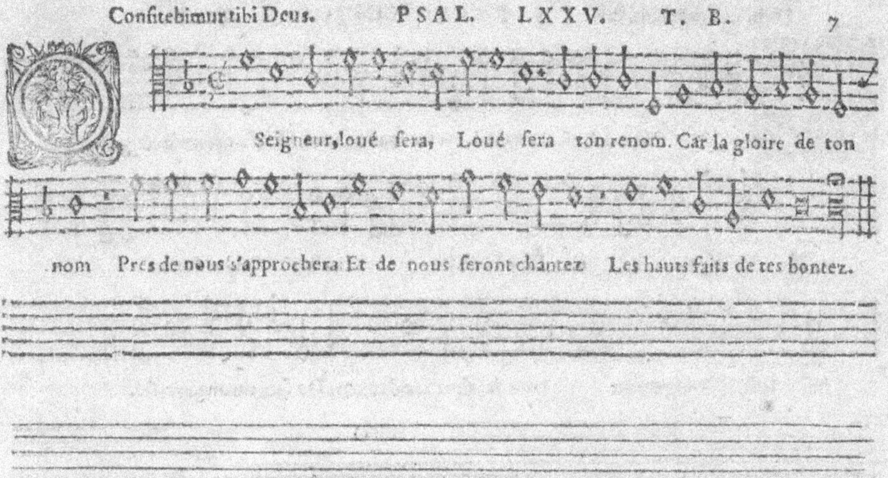
Seigneur, loué sera, Loué sera ton renom. Car la gloire de ton
nom Pres de nous s'approchera Et de nous seront chantez Les hauts faits de tes bontez.

Dominus regnauit, exul. PSAL. XCVII. T. B.
L'Eternel est regnant, La terre maintenant En soit ioieuse & gaye, Toute Isle s'en esgai- e. Espesse obscu- rité Cache sa ma- ie-
sté: Iustice & iugement Sont le seur fondement De son throne arresté.

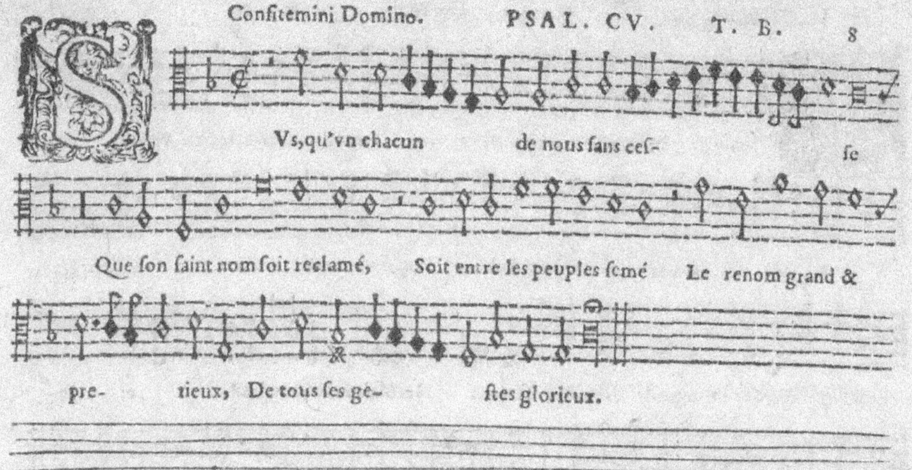
Vs, qu'vn chacun de nous sans cesse
Que son saint nom soit reclamé, Soit entre les peuples semé Le renom grand &
precieux, De tous ses gestes glorieux.

Lætatus sum in his. PSAL. CXXII. T. B.

Ecce quàm bonum, PSAL. CXXXIII. T. B. 9
Com- bien est plaisant & souhaitable De voir ensemble en
concorde amiable, Freres unis s'entretenir. Cela me fait, Cela me
fait de l'onguent souvenir Tant precieux, Dont parfumer ie voi ii.
Aaron le Prestre de la Loi.
Tenor.

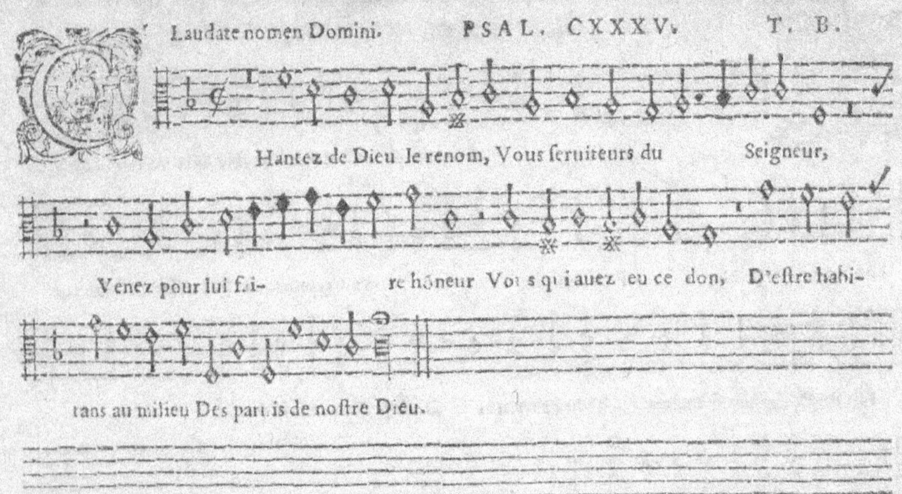
Laudate nomen Domini.
PSAL. CXXXV.
T. B.
Hantez de Dieu le renom, Vous seruiteurs du Seigneur,
Venez pour lui fai- re hõneur Vous qui auez eu ce don, D'estre habi-
tans au milieu Des parvis de nostre Dieu.

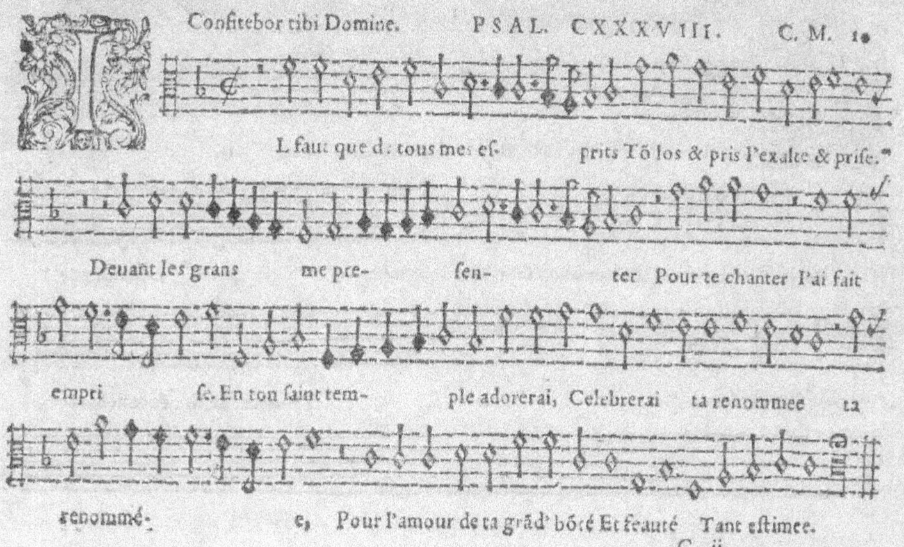
Confitebor tibi Domine. PSAL. CXXXVIII. C. M. 10
IL faut que de tous mes es- prits Tō los & pris l'exalte & prise.
Deuant les grans me pre- sen- ter Pour te chanter I'ai fait
empri se. En ton saint tem- ple adorerai, Celebrerai ta renommee ta
renommé- e, Pour l'amour de ta grād' bōté Et feauté Tant estimee.

Laudate Dominum in ſanctis.
PSAL. CL.
T. B.
R SOIT. De ſon ſaint lieu ſupernel, De ii. Loué
de ce firmament Plein de ſa magnificen- ce. Louez-le
tous ſes grãs faits, Lou. ii Teſmoins de ſon excellence.

Ous tous Princes & Seigneurs, Remplis de gloire & d'honneurs, ii.
Rendez, rendez au Seigneur Toute force & tout honneur. Faites
lui recognoissan- ce Qui responde à sa puissan-
ce. En sa demeure tressainte Ployés les genoux en crainte.

Domine, quid multiplicati? PSAL. III. C. M.
Seigneur, que de gens, A nuire diligens, Qui me troublét & greuent!
Mon Dieu que d'ẽnemis, Qui aux chāps se sont mis, Et contre
moi s'esle- uent! Certes plusieurs i'en voi, Qui vont disans de moi, Sa force est
aboli- e, Plus ne trouue en son Dieu Secours en au-

cun lieu Mais s'est
à eux folie.
A
Toi, mõ Dieu, nõ cœur mõte, En toi mon espoir ai
mis, En. ii.
Fai que ie ne tõbe à honte Au gré de mes ennemis.
Hõte n'auront
Ceux qui dessus toi s'appui-
ent: Mais bié ceux qui duremẽt Et sans cause les ennuient.

Iudica Domine nocentes.
PSAL. XXXV.
T. B.
D
Eba cõtre mes debateurs, Comba, Seigneur, mes cõbateurs, Empoigne
moi bouclier & lan- ce, Et pour me secourir t'auan- ce. Char-
ge les, & marche au deuant, Garde les d'aller plus auant, d'aller plus auant: Di
à mon ame, ame ie suis, Di ij. Celui qui garentir te puis.

Quemadmodum desiderat. PSAL. XLII. T. B.
Insi qu'on oit le cerf brui- re, Pourchassant le frais des eaux,
Ainsi mon cœur qui soupi- re, Seigneur, apres tes ruis- seaux,
Va tousiours criant suiuant, Le grand, le grād Dieu viuāt. Helas don- ques
quand sera-ce, Que verrai de Dieu la face?
Tenor.
D

Iudica me Deus.
PSAL. XLIII.
C. M
Euenge moy, pren la querelle De moi, Seigneur, par ta mer-
ci, Contre la gēt fause & cruelle: De l'homme rempli de cautel- le,
Et en sa ma- lice endurci, Deli- ure moi aussi.

Audite hæc omnes gentes. PSAL. XLIX. T. B. 14
Euples oiez, & l'aureille prestez, Hõmes mortels ... qui le
mõde habitez, Des plꝰ petis iusques aux plꝰ puissans, Riches hautains & poures lãguissans, Sa-
ges propos ma bouche annon- cera, Graues discours mõ cœur entamera: A mes beaux
mors l'aureille ie veux tẽdre, Et sur mõ luc grãd's choses voꝰ appren- dre.
D ii

Deus in nomine tuo.
PSAL. LIIII.
T. B.
Dieu tout puissant sauue moi Par tõ nõ & force immortel- le, Et
pour defendre ma querelle, Fai sortir la force de toi, Fai. ii.
Oy l'oraison que ie ferai, Plaise toi l'aureille me tendre, O Eternel
à fin d'enten- dre Tous les mots que ie te di- rai.

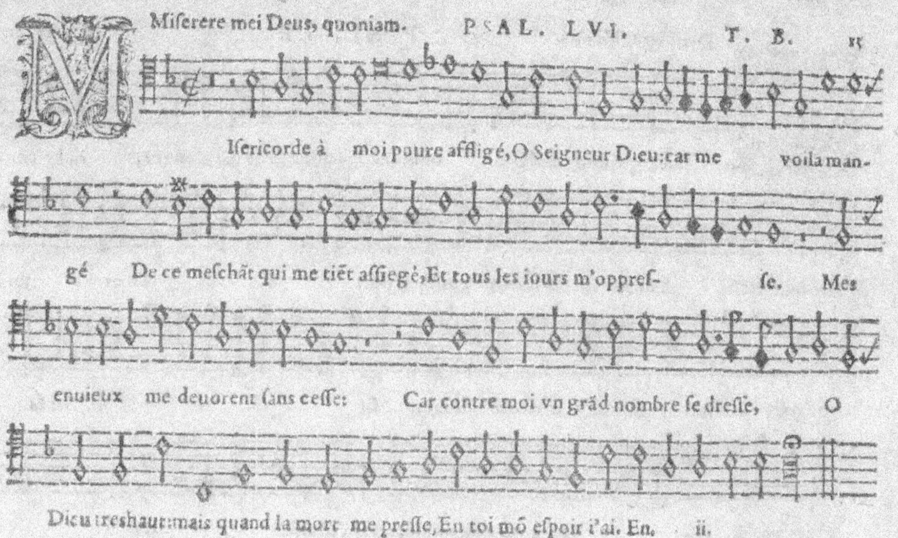
Miserere mei Deus, quoniam.
PSAL. LVI.
T. B.
15
Isericorde à moi poure affligé, O Seigneur Dieu: car me voila man-
gé De ce meschãt qui me tiẽt assiegé, Et tous les iours m'oppres- se. Mes
enuieux me deuorent sans cesse: Car contre moi vn grãd nombre se dresse, O
Dieu treshaut: mais quand la mort me presse, En toi mõ espoir i'ai. En. ii.
D iii

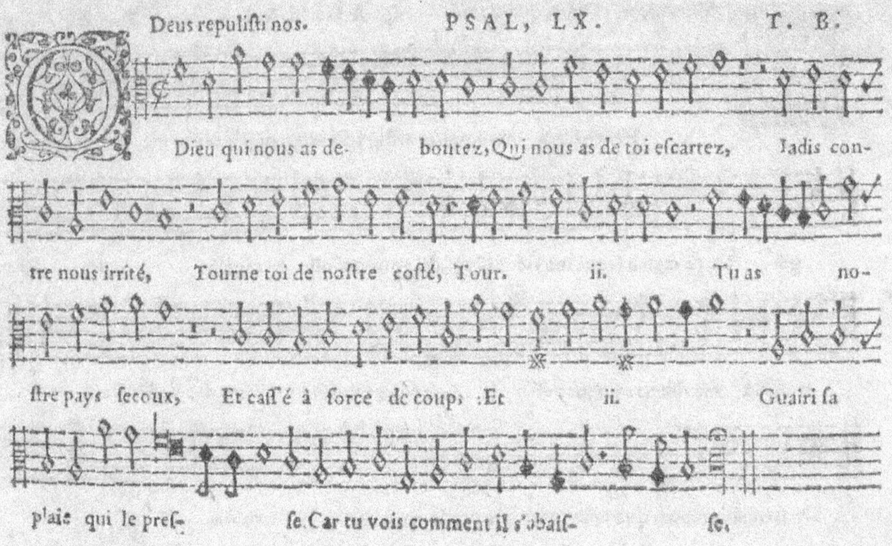
Deus repuliſti nos. PSAL, LX. T. B.
Dieu qui nous as de- boutez, Qui nous as de toi eſcartez, Iadis contre nous irrité, Tourne toi de noſtre coſté, Tour. ii. Tu as noſtre pays ſecoux, Et caſſé à force de coups: Et ii. Guairi ſa
plaie qui le preſ- ſe. Car tu vois comment il s'abaiſ- ſe.

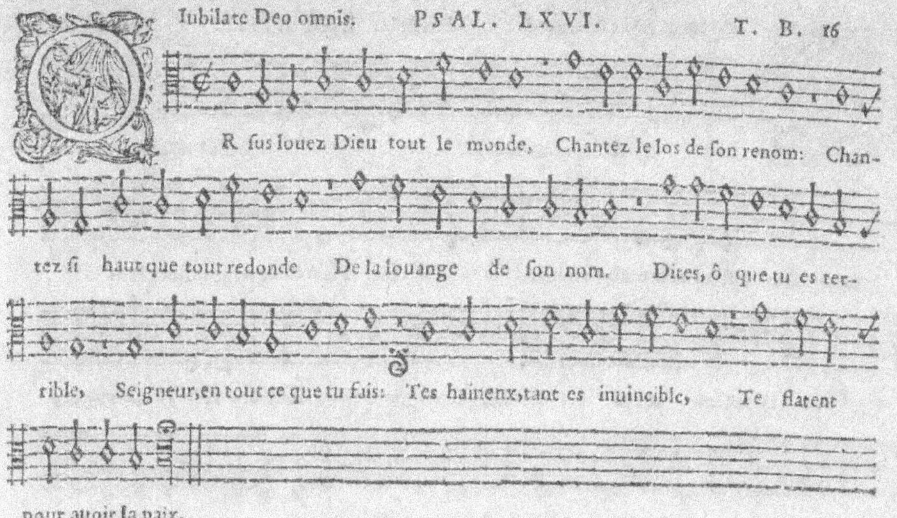
Iubilate Deo omnis. PSAL. LXVI. T. B. 16
R ſus louez Dieu tout le monde, Chantez le los de ſon renom: Chantez ſi haut que tout redonde De la louange de ſon nom. Dites, ô que tu es ter-
rible, Seigneur, en tout ce que tu fais: Tes haineux, tant es inuincible, Te flatent
pour auoir la paix.

Quàm dilecta tabernacula.
PSAL. LXXXIIII.
T. B.
Dieu des armees, com-
bien Le sacré taber-
nacle tien
Est sur toute chose amia-
ble! Mon cœur languit, mes sens
rauis Defaillent
apres
tes paruis,
O Seigneur Dieu tresdesirable:
Bref, cœur &
corps
vont s'esleuant
Iusques à toi grãd Dieu viuant.

Misericordias Domini.
PSAL. LXXXIX.
T. B. 17
V Seigneur les bõtez sans fin ie chan- terai, Et si fi-
delité à iamais prescherai: Car c'est vn point cõclu, que sa grace est basti- e Pour
durer à iamais, comme on voit establi- e. Signe seur & cer-
tain, Sig. ii. de son dire immuable. de. ii.
Tenor.
E

Dominus regnauit, irasc. PSAL. XCIX. T. B.
R est maintenant l'Eternel regnant, Peuples obstinez Peuples obstinez En soient e- stonnez, Cherubins sous lui Lui seruent d'appui: Que la terre
toute, Tremblant le redou- te.

Ouloir m'est pris de mettre en escriture Psaume parlant
de bonté & droitu- re, Et si le veux à toi mō Dieu chāter, Et
presenter & presenter.

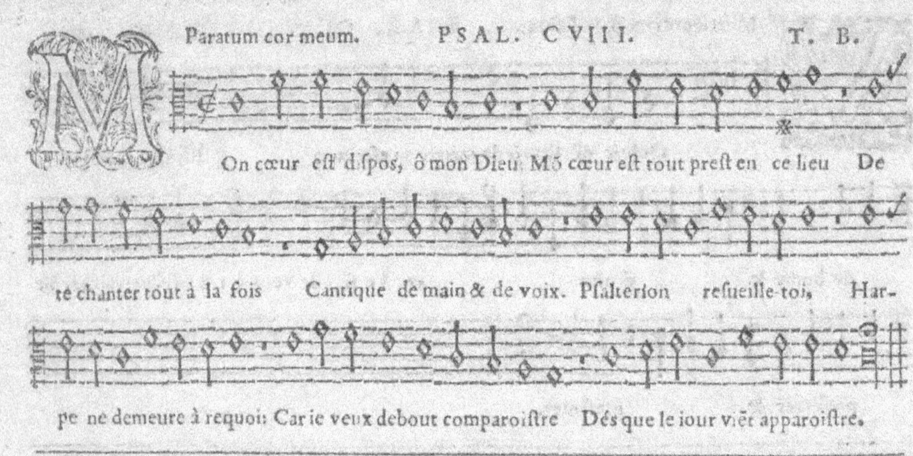
Paratum cor meum.
PSAL. CVIII.
T. B.
M
On cœur eſt diſpos, ô mon Dieu Mõ cœur eſt tout preſt en ce lieu De
te chanter tout à la fois Cantique de main & de voix. Pſalterion reſueille-toi, Har-
pe ne demeure à requoi: Car ie veux debout comparoiſtre Dés que le iour viẽt apparoiſtre.

Confitemini Domino. PSAL. CXVIII. C. M.

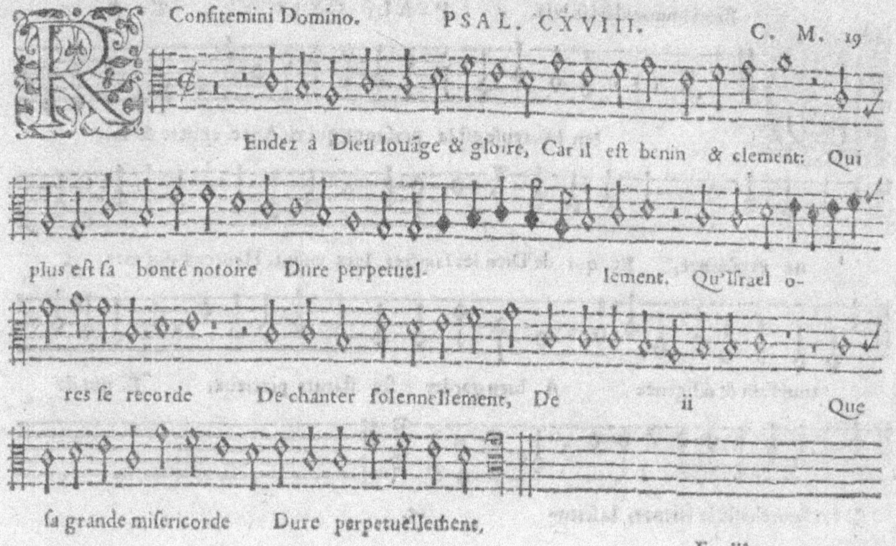

Beati immaculati in via.
PSAL. CXIX.
T. B.
B
Ien heureuſe eſt la perſonne qui vit Auec entiere & ſai-
ne conſcience, Et qui de Dieu les ſainctes loix enſuit. Heureux qui met, ii.
tout ſoin & diligence A bien garder ſes ſtatuts precieux, Et qui de
lui pourchaſſe la ſcience, la ſcien-
ce.

Ad te leuaui oculos.
PSAL. CXXIII.
T. B.
20
Toi ó Dieu, qui es là haut aux cieux, Nous esleuons nos
yeux, Cõme vn seruant qui pressé se voit estre, N'a recours qu'à son maistre: N'a.
ii. Aussi tost qu' on la bles- se: Vers nostre Dieu nous regar-
dons ainsi, Attendans sa mer- ci.

Niſi quia Dominus.
PSAL. CXXIIII.
T. B.
R peut bien dire Iſrael maintenant, Si le Seigneur pour nous n'euſt
point eſ- té, Si ii Si le Seigneur noſtre droit n'eut por-
té, Quand tout le mōde à grād fureur venāt Pour nous meurtrir, deſſus nous
s'eſt ietté.

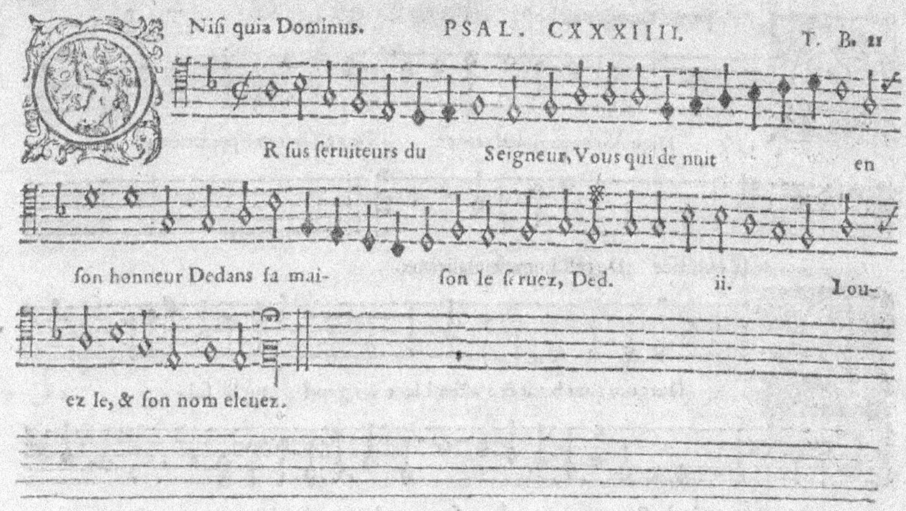
R sus seruiteurs du Seigneur, Vous qui de nuit en
son honneur Dedans sa mai- son le seruez, Ded. ii. Louez le, & son nom eleuez.

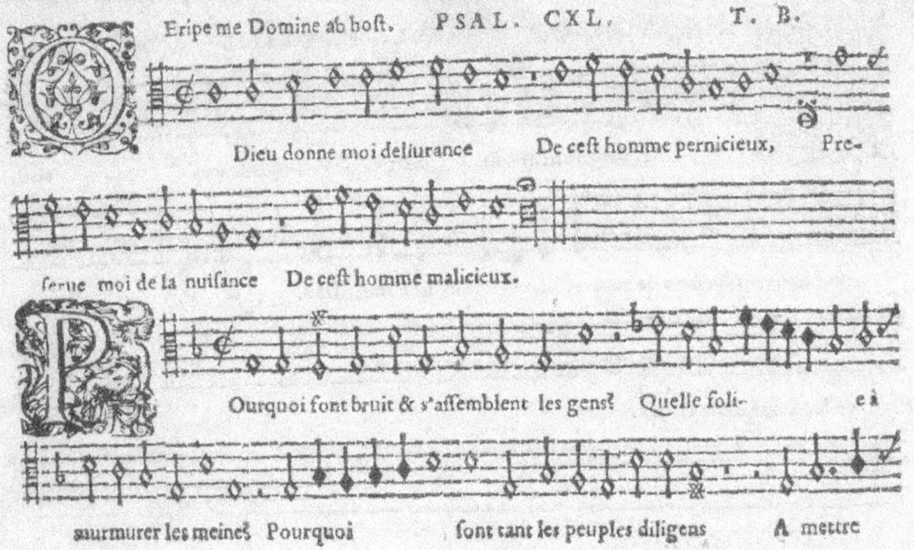
Eripe me Domine ab hoſt. PSAL. CXL. T. B.
Dieu donne moi deliurance De ceſt homme pernicieux, Pre-
ſerue moi de la nuiſance De ceſt homme malicieux.
Ourquoi ſont bruit & s'aſſemblent les gens? Quelle foli- e à
murmurer les meines? Pourquoi ſont tant les peuples diligens A mettre

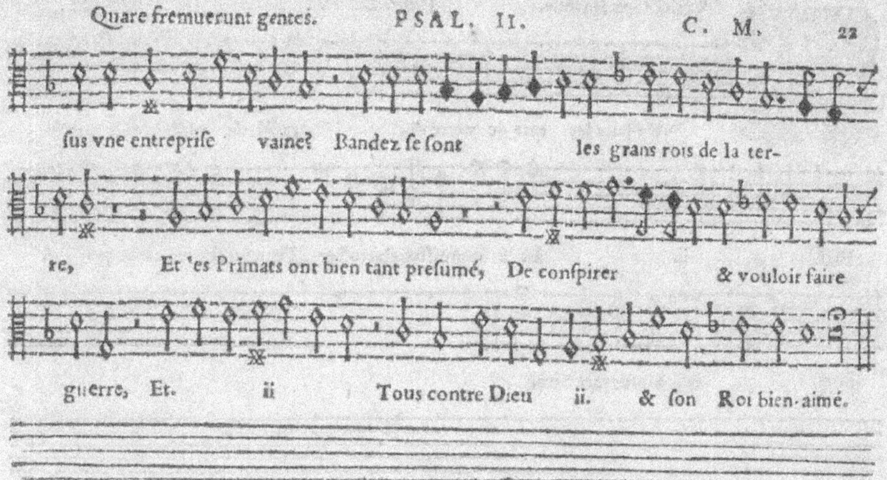
sus vne entreprise vaine? Bandez se sont les grans rois de la ter-
re, Et les Primats ont bien tant presumé, De conspirer & vouloir faire
guerre, Et. ii Tous contre Dieu ii. & son Roi bien-aimé.

Verba mea auribus.
PSAL. V.
C. M.
Vx paroles que ie veux di- re Plaise toi laureille prester
Plai. ii. Et à conoistre t'arrester Pourquoi mon cœur pense' &
soupi- re, Souuerain Sire.

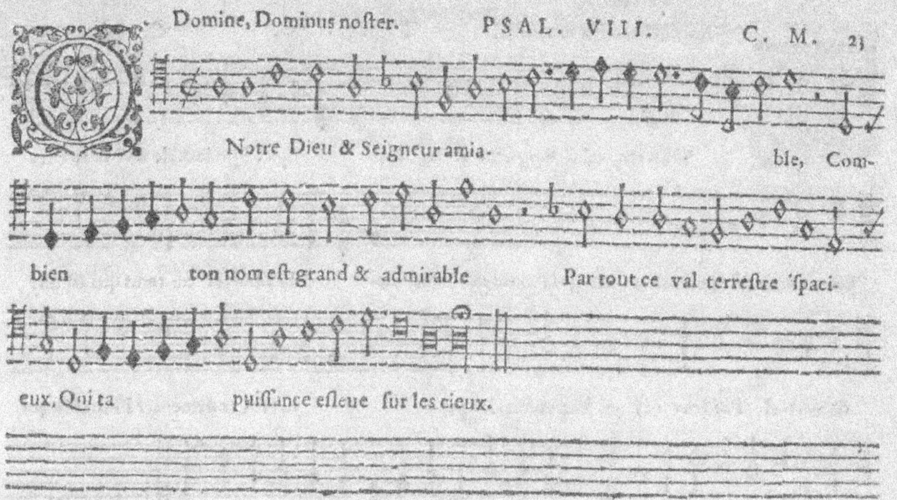
O Notre Dieu & Seigneur amia- ble, Com-
bien ton nom est grand & admirable Par tout ce val terrestre spaci-
eux, Qui ta puissance esleue sur les cieux.

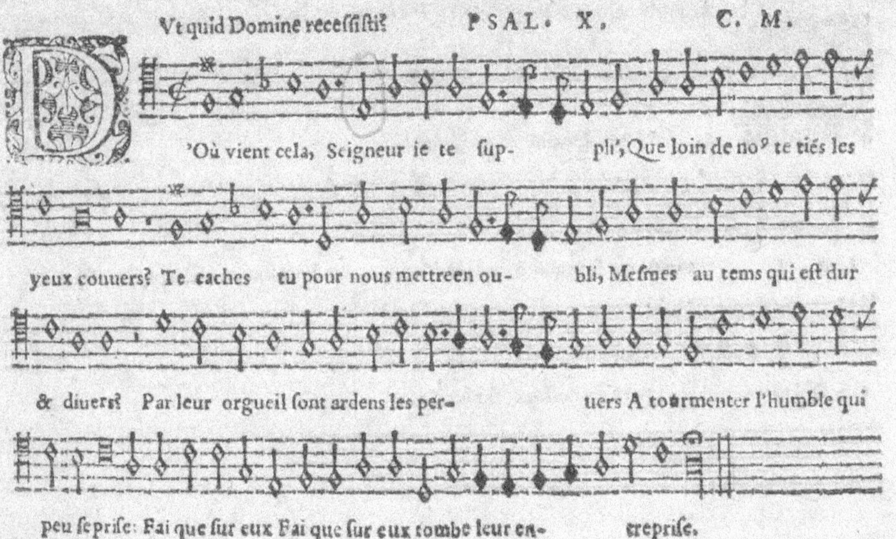
Vt quid Domine recessisti? PSAL. X. C. M.
D'Où vient cela, Seigneur ie te sup- pli', Que loin de no⁹ te tiés les
yeux couuers? Te caches tu pour nous mettreen ou- bli, Mesmes au tems qui est dur
& diuers? Par leur orgueil sont ardens les per- uers A tourmenter l'humble qui
peu se prise: Fai que sur eux Fai que sur eux tombe leur en- treprise.

Confitebor tibi Domine. PSAL. IX. C. M. 24
E tout mon cœur t'ex- al- terai, Seigneur, & ſi raconte-
rai Toutes tes œuures nompareilles, Qui ſont dignes de
grans merueilles.

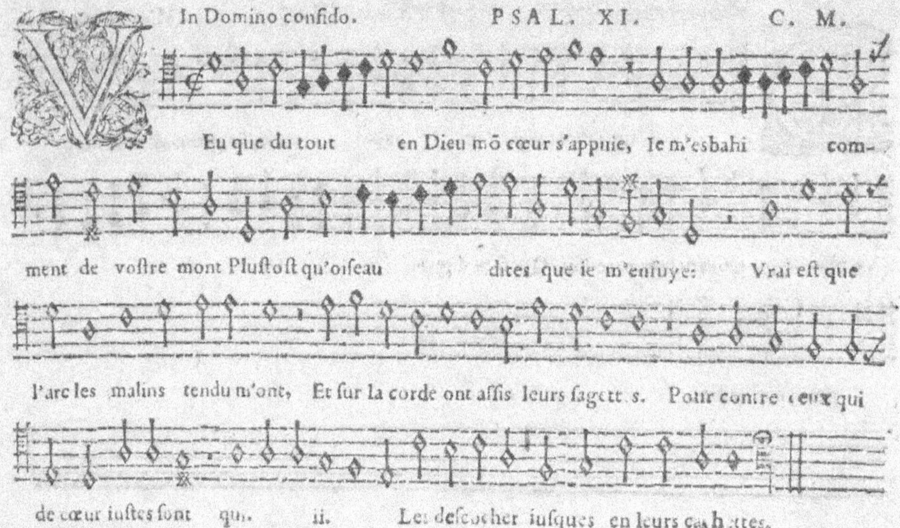
In Domino confido. PSAL. XI. C. M.
V
Eu que du tout en Dieu mō cœur s'appuie, Ie m'esbahi comment de vostre mont Plustost qu'oiseau dites que ie m'enfuye: Vrai est que
l'arc les malins tendu m'ont, Et sur la corde ont assis leurs sagett s. Pour contre ceux qui
de cœur iustes sont qui. ii. Les descocher iusques en leurs ca h ttes.

Onne secours, Seigneur, il en est heu- re: Car d'hom-
mes droits sommes tous denuez: Entre les fils des hommes ne demeure Vn qui
ait foi, tant sont diminuez. ii tant sont diminuez.

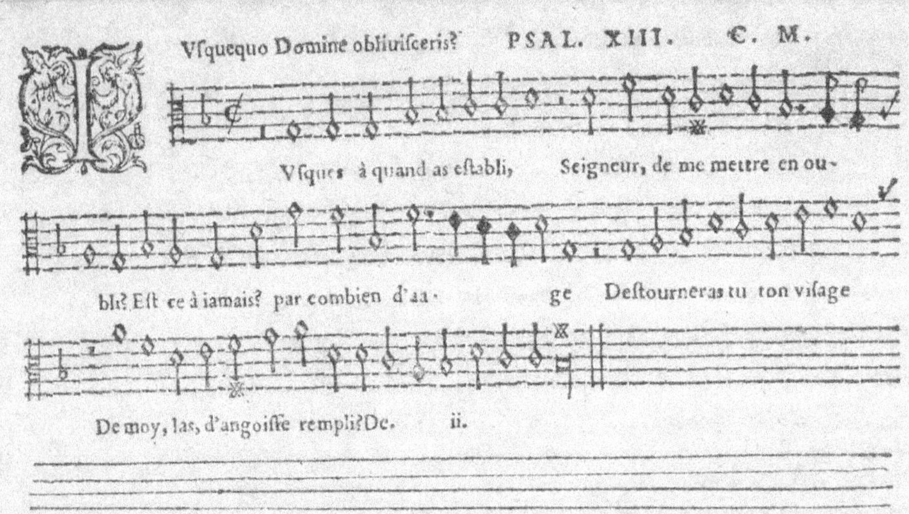
Vſquequo Domine obliuiſceris? PSAL. XIII. C. M.
Vſques à quand as eſtabli, Seigneur, de me mettre en ou-
bli? Eſt ce à iamais? par combien d'aa- ge Deſtourneras tu ton viſage
De moy, las, d'angoiſſe rempli? De. ii.

E sol malin en son cœur dit & croit Que Dieu n'est point,
Ses mœurs, sa vie, horrible faits exer- ce: Pas vn tout seul ne fait rien
bon ne droit, Ni ne vou- droit. ii.

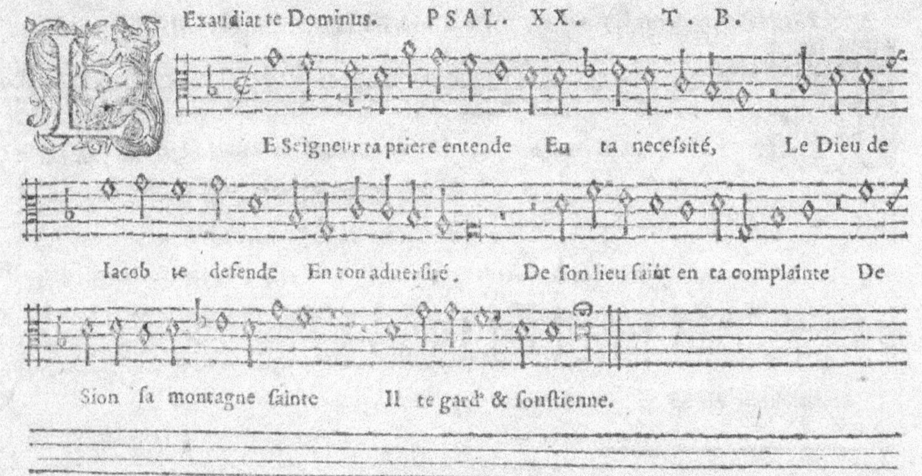
Exaudiat te Dominus. PSAL. XX. T. B.
E Seigneur ta priere entende En ta necesſité, Le Dieu de
Iacob te defende En ton aduerſité. De ſon lieu ſaint en ta complainte De
Sion ſa montagne ſainte Il te gard' & ſouſtienne.

Domini est terra. PSAL. XXIIII. CM.

Exultate iusti in Domino. PSAL. XXXIII. C. M.
R
Eueillez vous chacun fidele, Menez en Dieu ioie orendroit,
Louange est tresseante & bel- le En la bouche de l'homme droit.
Sur la douce har- pe Pendue en escharpe, Le Seigneur louez: De luts, d'espi-
nettes, De. ii. Sainctes châsonnettes A son nom iou- ez.

Amais ne cesserai De magnifier le Seigneur, En ma bouche aurai
son honneur, En. ii Tant que viuant serai: Mon cœur plaisir n'aura, ii. Qu'à voir son Dieu glorifié, Dont maint bon
cœur humilié L'oiant s'esiouira.

Noli æmulari in malignantibus.
PSAL. XXXVII.
C. M.
N E fois fasché si durant ces- te vie, Souuent tu vois pro-
sperer les meschans, Et des malins aux biens ne porte enuie: Car en rui-
ne à la fin tre- buchans Seront fauchez comme foin en peu d'heu-
re, Et secheront comme l'herbe des champs.

Beatus vir qui intelligit. PSAL. XLI. T. B. 29
Bien-heureux qui iuge sagement Du poure en son tour-
ment, Certainement, Certainement Dieu le soulagera, Quand affligé sera. Dieu
le rendra sain & sauf, & fera Qu'encor' il fleu- rira: Point ne
voudra l'exposer aux souhaits, Que ses haineux ont faits.

Eructauit cor meum.
PSAL. XLV.
C. M.
Ropos exquis faut que de mon cœur sor- te: Car du Roi veux di-
re chanson de sor- te, Qu'à ceste fois ma langue mieux dira, Qu'un scribe
prompt de plume n'es- crira. Le mieux formé tu es d'humaine race: tu. ii.
En ton parler gist merueilleuse grace, Parquoi Dieu fait que toute nation Sans fin te

Magnus Dominus & laudabilis. PSAL. XLVIII. T. B. 30
Ioue en benediction.
C'Est en sa. Lieu choisi pour sa sain- ctete, Lieu. ii
Que Dieu desploi- e en excellen- ce Sa gloire & sa magnificen-
ce. La montagne de Sion, Deuers le Septen- trion, Ville au grād Roi cōsa-
crée, Est en si belle contre- e: Ne doit s'esiou- ir qu'en elle.
H ii

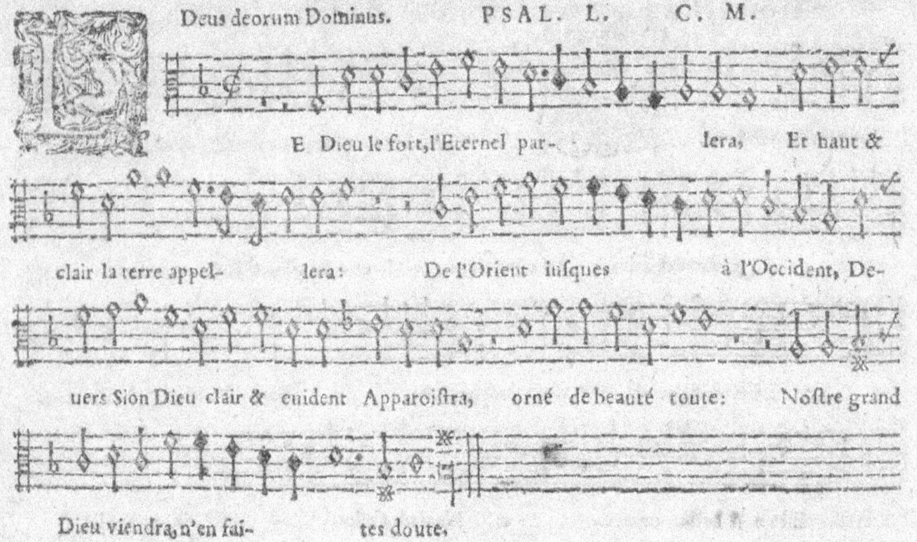

Deus deorum Dominus. PSAL. L. C. M.
E Dieu le fort, l'Eternel par- lera, Et haut &
clair la terre appel- lera: De l'Orient iusques à l'Occident, Deuers Sion Dieu clair & euident Apparoistra, orné de beauté toute: Nostre grand
Dieu viendra, n'en fai- tes doute.

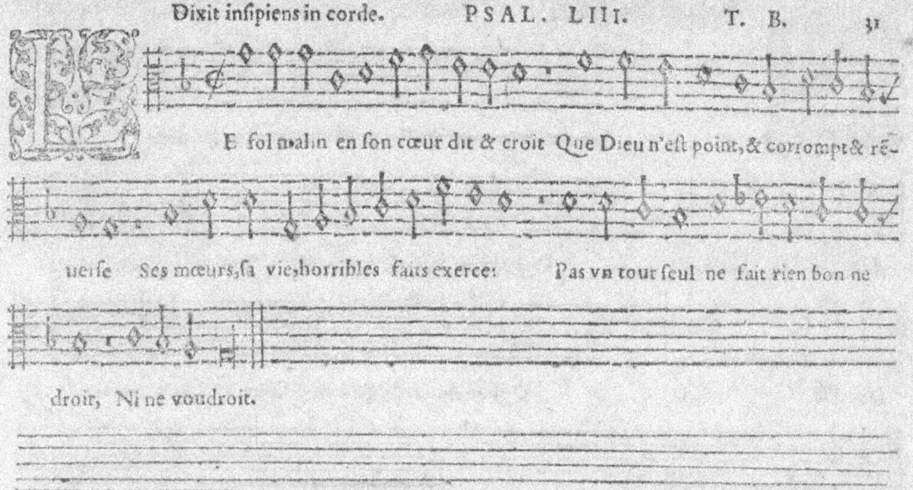
E fol malin en son cœur dit & croit Que Dieu n'est point, & corrompt & re-
uerse Ses mœurs, sa vie, horribles faits exerce: Pas vn tout seul ne fait rien bon ne
droit, Ni ne voudroit.

Eripe me de inimicis. PSAL. LIX. T. B.
On Dieu l'ennemi m'enuironne, Ta bonté dõc secours me don-
ne: Garde moi des gens irritez Qui dessus moy se sont iettez. Deliure moi de l'aduer-
saire, De. ii. Qui ne demande qu'à mal-faire: Sauue moi des san-
glantes mains De ces meurtriers tant inhumains.

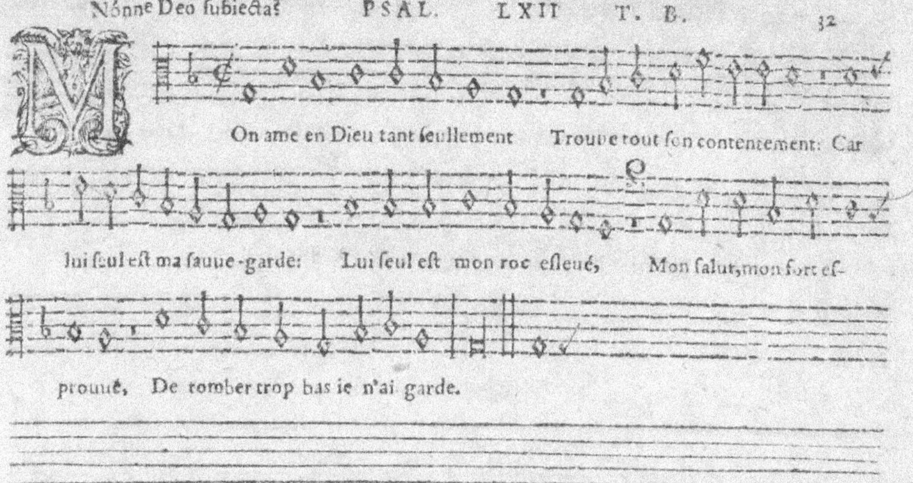
On ame en Dieu tant seullement Trouve tout son contentement: Car
lui seul est ma sauue-garde: Lui seul est mon roc esleué, Mon salut, mon fort es-
prouué, De tomber trop bas ie n'ai garde.

E Ntens à ce que ie veux dire, Quand ie te prie, sauue moi: Que

de mes ennemis l'effroi Ne vienne ma vie destruire, Souuerain Sire.

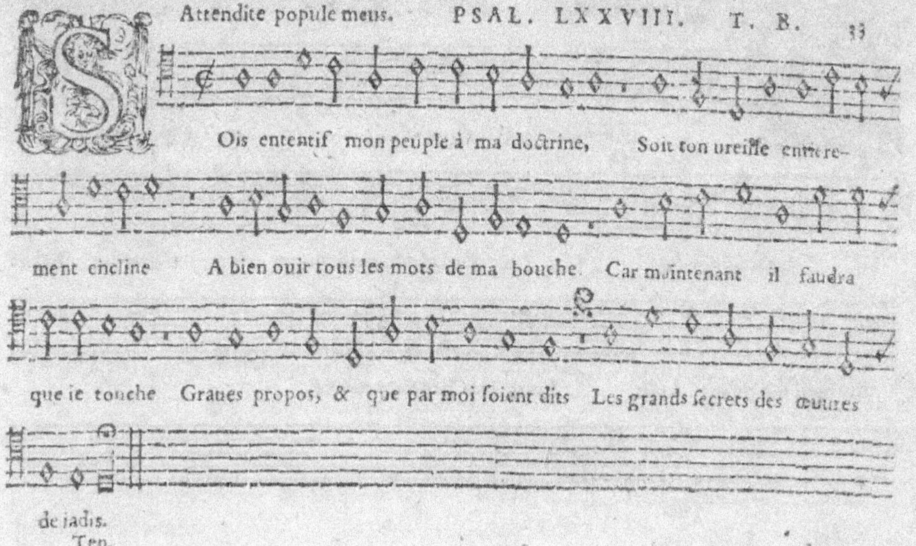
Attendite popule meus. PSAL. LXXVIII. T. B. 33
SOis ententif mon peuple à ma doctrine, Soit ton ureille entiere-
ment encline A bien ouir tous les mots de ma bouche. Car maintenant il faudra
que ie touche Graues propos, & que par moi soient dits Les grands secrets des œuures
de jadis.
Ten.
I

Qui regis Israël.
PSAL. LXXX.
T. B.
Pasteur d'Israël escou- te, Toi qui conduis
la troupe tou- te De Ioseph, ainsi qu'vn troupeau, Mon-
stre nous ton visage beau, Entre les Cherubins monté.

T V as esté, Seigneur, nostre retrait- té, Et
seur recours de lignee en lignee: Mesmes deuant, ii nulle mon-
ta- gne nee, Et que le monde & la terre fut faite, Tu estois
Dieu, desia comme tu es, Et comme aussi tu seras à iamais.

Qui habitat in. PSAL. XCI. C. M.

Que c'est chose belle De te louer Seigneur, Et
du Tres haut l'honneur Chanter d'vn cœur fide- le! Et ta fi-
delité Quand la nuict est venue.

Benedic, &c. Domine Deus. PSAL. CIIII. C. M.
S
Vs, ſus mon ame, il te faut di- re bien De l'Eternel. ô mõ vrai Dieu combien Ta grãdeur eſt excellente & no- toire! Tu es veſtu de ſplendeur &
de gloi- re: Tu es veſtu de ſplen- deur proprement, Ne
plus ne moins que d'vn accouſtrement, Pour pauillon qui d'vn tel Roi ſoit di-

gne Tu tends le ciel ainsi qu'vne courtine, qu'vne courtine.
C
Hantez à Dieu chanson nouuelle, Et sa louange solennel-
le, Maintenant soit ouie. Israël s'esgaie en son cœur De l'Eternel son
createur, son crea- teur: Et d'vn tel Roi soient triomphans De Sion les enfans.

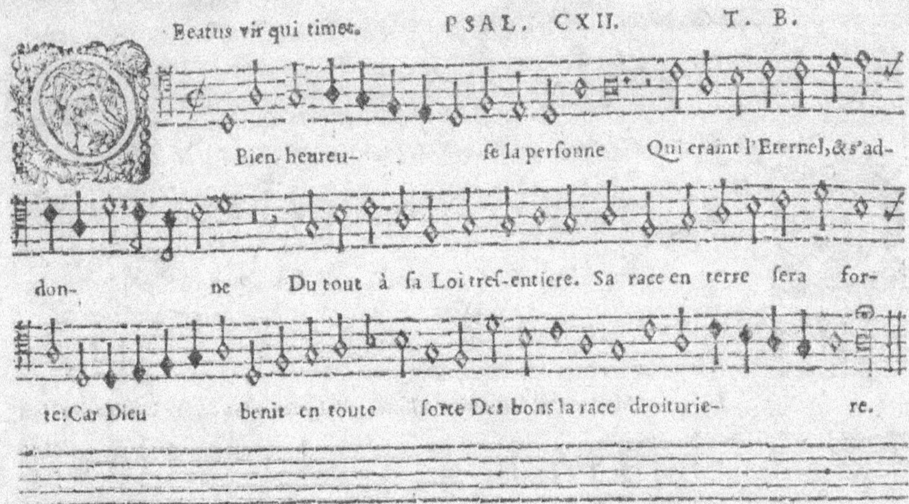
Beatus vir qui timet.
PSAL. CXII.
T. B.
Bien heureu- ſe la perſonne Qui craint l'Eternel, & s'ad-
don- ne Du tout à ſa Loi treſ-entiere. Sa race en terre ſera for-
te: Car Dieu benit en toute ſorte Des bons la race droiturie- re.

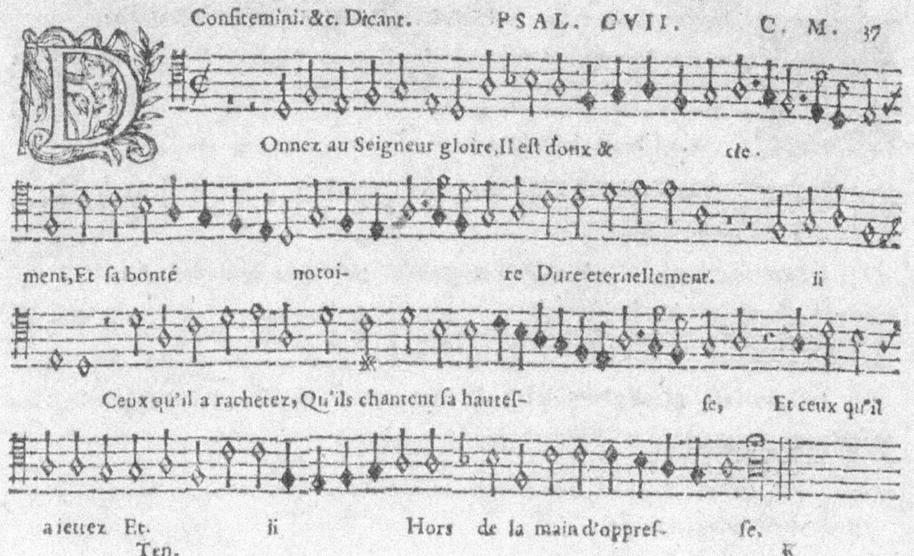
Confitemini. &c. Dicant. PSAL. CVII. C. M. 37
D
Onnez au Seigneur gloire, Il est doux & cle-
ment, Et sa bonté notoi- re Dure eternellement. ii
Ceux qu'il a rachetez, Qu'ils chantent sa hautes- se, Et ceux qu'il
a iettez Et. ii Hors de la main d'oppres- se.
Ten. K

In exitu Israël. PSAL. CXIIII. C. M.

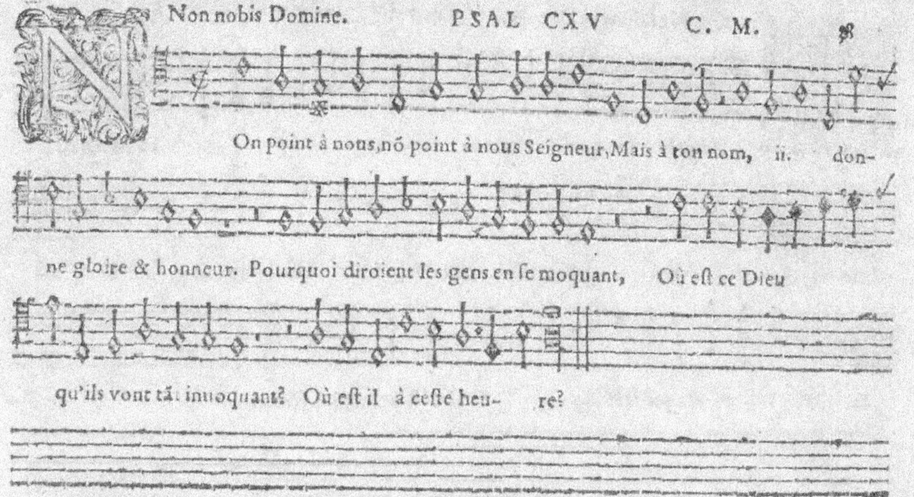
Non nobis Domine.
PSAL CXV
C. M.
98
N
On point à nous, nõ point à nous Seigneur, Mais à ton nom, ii. don-
ne gloire & honneur. Pourquoi diroient les gens en se moquant, Où est ce Dieu
qu'ils vont tãt inuoquant? Où est il à ceste heu- re?

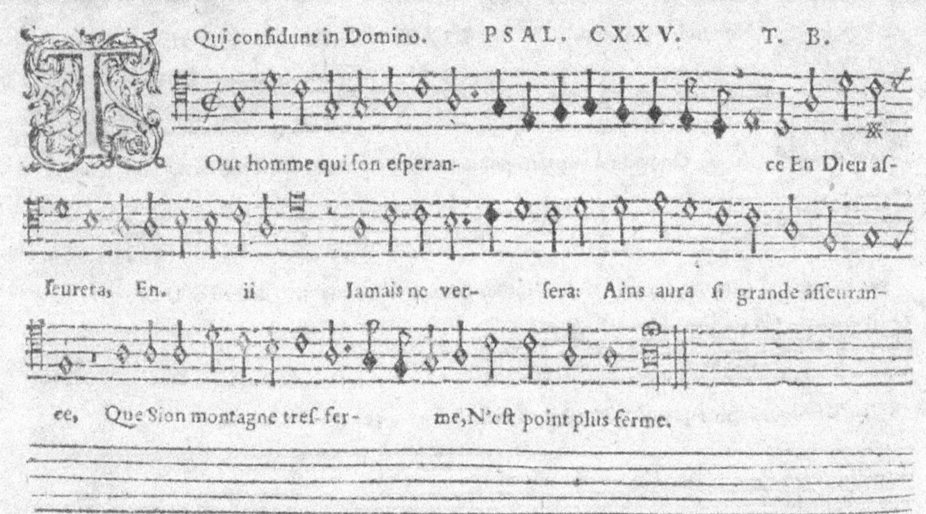
Qui confidunt in Domino. PSAL. CXXV. T. B.
Out homme qui son esperan- ce En Dieu as-
seureta, En. ii Iamais ne ver- sera: Ains aura si grande asseuran-
ce, Que Sion montagne tres fer- me, N'est point plus ferme.

D
V Seigneur Dieu en tous endroits, En l'assemblee des plus droits De
chanter à Dieu coustumiere, La gloire ie confesserai, ie confesserai
Et sa louange annon- cerai D'vne affection toute entiere.

Beati omnes qui timent.
PSAL. CXXVIII.
C. M.
B
Ien-heureux est quiconques Sert à Dieu volontiers, Et ne se lassa
onques De sui- ure ses sentiers, De suiure ses sentiers. Viuras commode-
ment: ii. Et ira ton affai- re Bien
& heureusement.

De profundis clamaui. PSAL CXXX. C M. 40
D
V fons de ma pensee, Au fons de tous en- nuis, A
toi s'est addressée Ma clameur iours & nuits: Enten ma voix plainti-
ue, Seigneur il est saison, Ton aureille en- tentiue Soit à mon oraison Soit
ii

Domine exaudi,&c. auribus. PSAL. CXLIII. C. M.

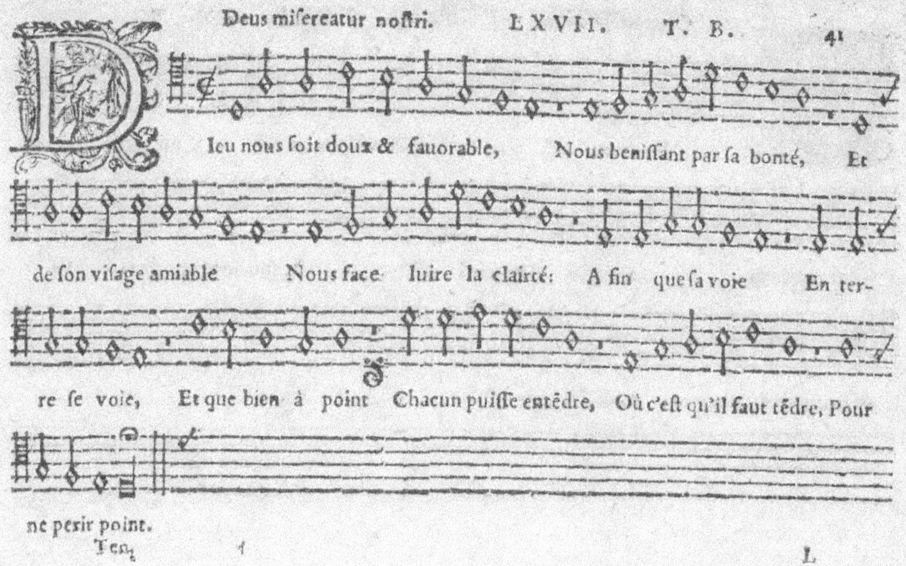
Deus miſereatur noſtri. LXVII. T. B. 41
D
Ieu nous ſoit doux & fauorable, Nous beniſſant par ſa bonté, Et
de ſon viſage amiable Nous face luire la clairté: A fin que ſa voie En ter-
re ſe voie, Et que bien à point Chacun puiſſe entēdre, Où c'eſt qu'il faut tēdre, Pour
ne perir point.
Ten. 1
L

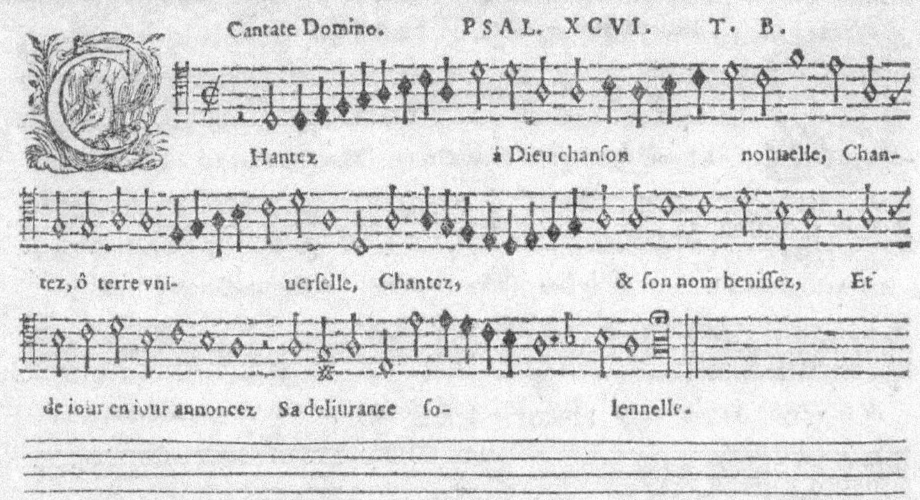
Cantate Domino. PSAL. XCVI. T. B.
Hantez à Dieu chanson nouuelle, Chan-
tez, ô terre vni- uerselle, Chantez, & son nom benissez, Et
de iour en iour annoncez Sa deliurance so- lennelle.

VOus tous les habitans des cieux, Louez hautemẽt le Seigneur: Vous les
habitans des hauts lieux, Chãtez hautement son honneur: Anges, chantez sa
renommee, Louez le toute son armee, toute son arme- e, Lune & So-
leil louez son nom, Estoilles chantez son renom.

A voix pareil. Inclina Domine aurem tuam. PSAL. LXXXVI. T. B.

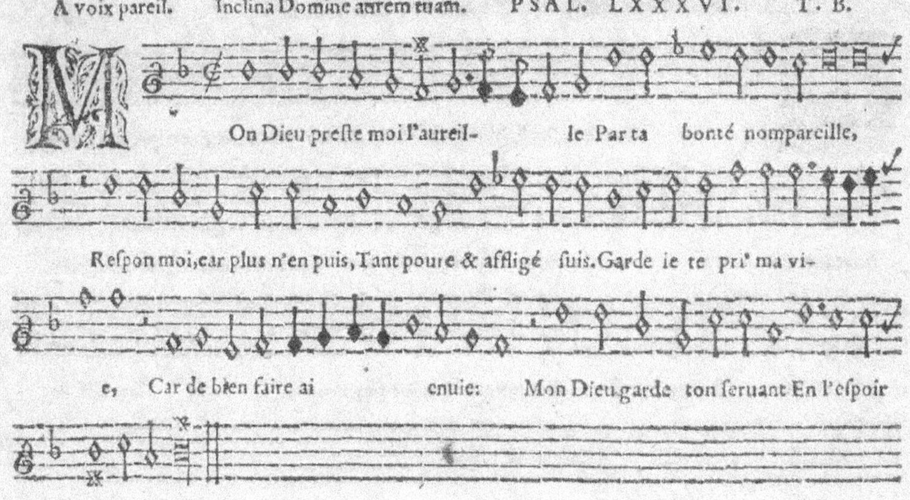

A voix pareil. Venite, exultemus. PSAL. XCV. T. B. 41
S
Vs esgaions nous au Seigneur, Et châtons
hautement l'honneur De nostre salut & deffence: Haftons-nous de nous presenter, Haft. ii. Deuant sa fa- ce, & de chanter, &
de chanter Le los de sa magnificence.

A voix pareil. Deus laudem meam. PSAL. CIX. T. B.
Dieu mon honneur & ma gloi- re, Ne vueilles mainte-
nant te taire: Car c'est contre moi que s'addresse La bouche meschante & trai-
tres- se: Et la fause langue qui ment, A parlé de moi faussement.

O Dieu ie n'ai Dieu fors que toi: Des le matin ie te reclame, ie te re-
cla- me: Et de ta soifie sens mon ame Toute pas- mee dedans moi: Les
poures sens d'humeur tous vuides, d'hu. ii. De mon corps mat & alteré, Tousiours, Seigneur, t'ont desiré En ces lieux desers & arides. En. ii.

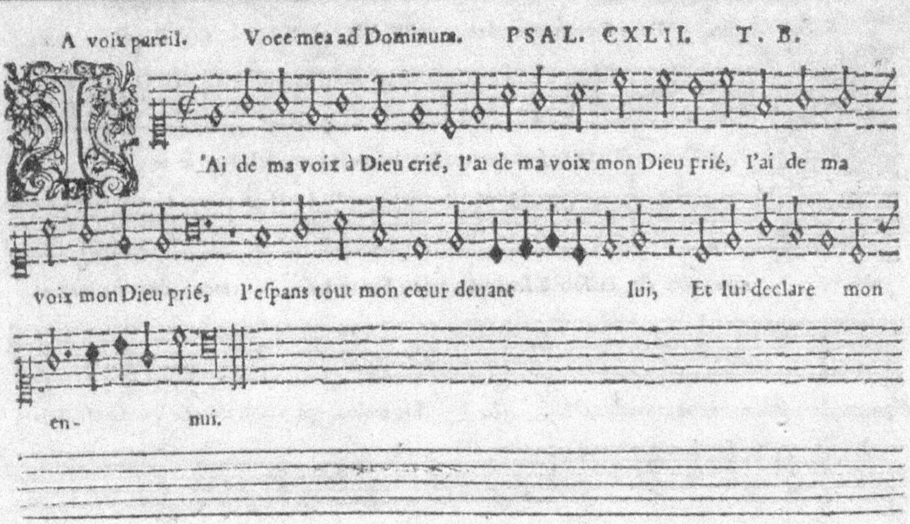
A voix pareil. Voce mea ad Dominum. PSAL. CXLII. T. B.
I'Ai de ma voix à Dieu crié, I'ai de ma voix mon Dieu prié, I'ai de ma
voix mon Dieu prié, l'espans tout mon cœur deuant lui, Et lui declare mon
en- nui.

A voix par. Nisi Dominus ædificauerit. PSAL. CXXVII. T. B. 45
N a beau sa mai- son bâstir Si le Seigneur n'i met la
main, Cela n'est que bastir en vain. Quand on veut villes
garentir, On a beau veiller & guetter, Sans Dieu rien ne peut pro-
fiter.
Ten.
M

A voix par. Domine probasti me. PSAL. CXXXIX. T. B.
Dieu tu cognois qui
ie suis, Tu sçais tout cela que
ie puis, Soit que soi' assis ou debout, Tu me cognois de bout en bout: Et n'ai nulle chose
conceu- e, conceu- e, Que n'aies de loin apperceu e.

A voix pareil· Cantate Domino canticum. PSAL. XCVIII. T. B. 46
C
Hantez à Dieu nouueau cantique, Car il a puiſſamment ouuré, Et
par ſa force magnifi- que Par ſoi meſme il s'eſt de- liuré.
Dieu a fait le ſalut cognoiſ- tre, Par lequel ſommes garentis, Et ſa iu-
ſte ce fait paroiſtre, En la preſence des Gentils.

Domine Deus meus in te ſper. PSAL. VII. C. M.
MOn Dieu i'ai en toi eſperance, Donne moi donc ſauue aſſeurance
De tant d'ennemis inhumains, Et fai que ne tombe en leurs mains: A fin que leur chef
ne me grippe, Et ne me deſrompe & diſſi- pe Et. ii.
Ainſi qu'vn lion deuorant, Sans que nul me ſoit ſecourant.

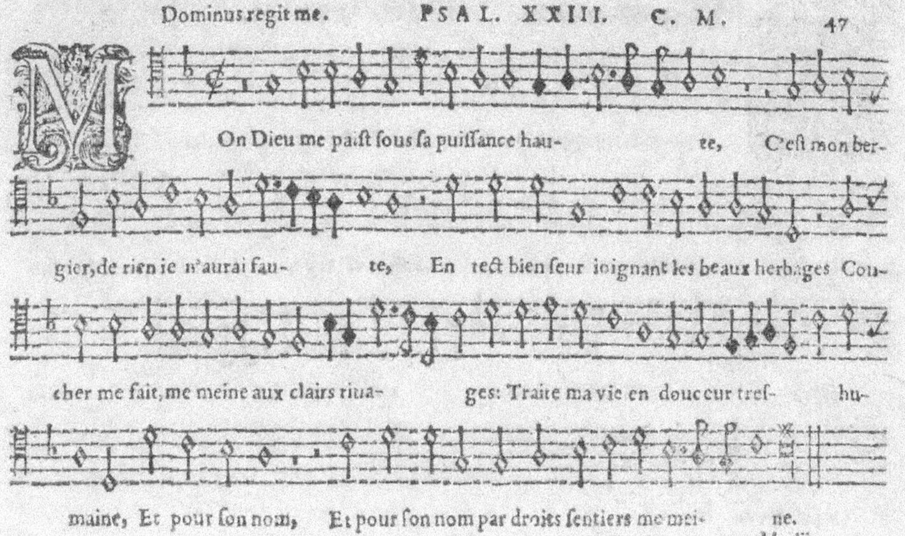
MOn Dieu me paiſt ſous ſa puiſſance hau- te, C'eſt mon ber-
gier, de rien ie n'aurai fau- te, En tect bien ſeur ioignant les beaux herbages Cou-
cher me fait, me meine aux clairs riua- ges: Traite ma vie en douceur treſ- humaine, Et pour ſon nom, Et pour ſon nom par droits ſentiers me mei- ne.

Ad te Domine clamabo. PSAL. XXVIII. T. B.
Dieu, qui es ma forteresse, C'est à toi que mon cri s'a-
dres- se: Ne vueilles au besoin te taire, Autrement ie ne sçai que
fai- re, Sinon à ceux me compa- rer Qu'on veut au
sepulchre en- terrer.

Expectans expectaui Dominum. PSAL. XL. T. B. 48
A
Pres auoir constamment at- tendu De l'Eternel la volonté, Il
s'est tourné de mõ costé, Et a mon cri au besoin enten- du. Hors de fange & d'or
dure, Et profondeur obscure, Et. ii. D'vn gouffre m'a tiré: A mes pieds
affermis, A. ii. Et au chemin remis ii. Sus vn roc asseuré.

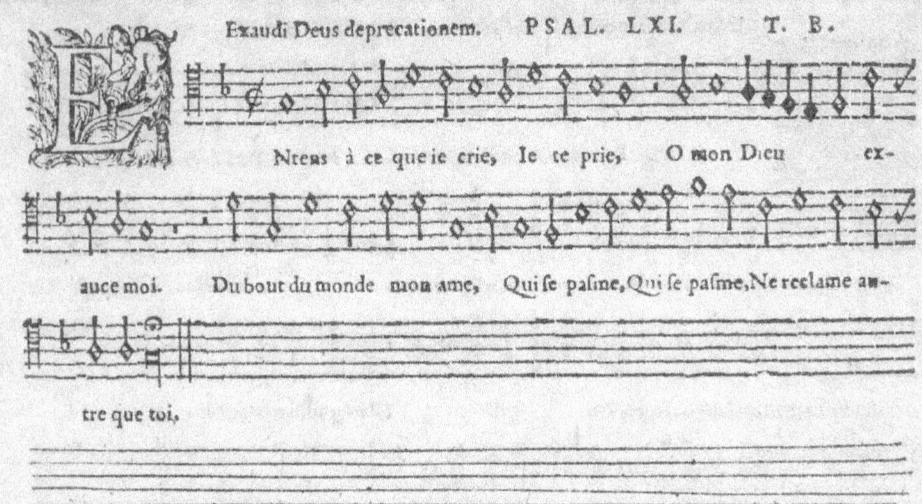
Exaudi Deus deprecationem. PSAL. LXI. T. B.
Ntens à ce que ie crie, Ie te prie, O mon Dieu ex-
auce moi. Du bout du monde mon ame, Qui se pasme, Qui se pasme, Ne reclame au-
tre que toi,

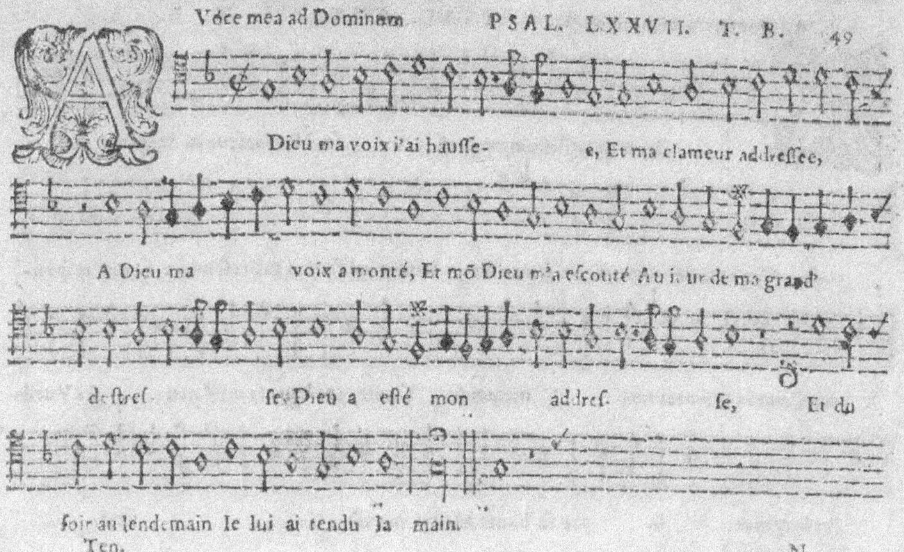
Vóce mea ad Dominum
PSAL. LXXVII. T. B.
49
A
Dieu ma voix i'ai hausse-
e, Et ma clameur addressee,
A Dieu ma
voix a monté, Et mō Dieu m'a escouté Au iour de ma grand'
destres
se, Dieu a esté mon
addres-
se,
Et du
soir au lendemain Ie lui ai tendu la main.
Ten.
N

Ad Dominum, cùm tribularer. PSAL. CXX. T. B.
A
Lors qu'affliction me pres- se, Ma clameur au Seigneur s'addres-
se: Car quand ie viens à le semondre, Iamais ne faut, à me respondre. à me respondre. Contre ces leures tant menteuses, Contre ces leures tant flateu- ses Vueilles Seigneur, ii. par ta bonté Mettre ma vie à sau- ueté.

Sæpe expugnauerunt me à.
PSAL. CXXIX.
T. B.
50
Es ma ieunesse ils m'ont fait mille assaux, Israel peut à ceste heu-
re bien dire, à ceste heure bien dire, Des ma ieunesse ils m'ont fait mille maux:
Mais ils n'ont peu, ii. me vaincre ne destruire.
BIBLIOTHÈQUE DE L'ARSENAL

Vs mon ame, qu'on benie Le Souuerain, car il faut Tant que dure-
ra ma vie, Tant. ii. Que ie loue le Tres haut, Et tant que ie dure-
rai Pseaumes ie lui chan- terai.

SOis moi, Seigneur, ma garde & mō appui: Car en toi gît toute mon espe-
ran- ce. Sus donc aussi, ô mon ame di lui,
Seigneur, tu as, Seigneur, tu as sur moi toute puissance, Et toutesfois point n'i
a d'œuure mien- ne, Dōt iusqu'à toi quelque profit reuienne.

Exaudi Domine iuſtitiam meam.
PSAL. XVII.
T. B.
Eigneur, enten à mon bon droit, Enten, helas, ce que ie crie: ce que ie
cri- e, Vueilles ouir ce que ie prie, Et de bouche & de cœur tout droit. Et
ii. Dé toi, qui cognois toute cho- ſe, Ie te pri' toi-meſ-
mes de voir Le droit de ce que ie propoſe, de ce que ie propo- ſe.

Eigneur, garde mon droit: Car i'ai en cet endroit, Cheminé
droit & ron- dement. I'ai en Dieu esperan-
ce, Qui me donne asseuran- ce, Que choir ne pourrai nullement.

In te Domine speraui.
PSAL. XXXI.
T. B.
'Ai mis en toi mon esperance: Garde moi donc, Seigneur, D'eternel
deshonneur: Ottroie moi ma deliuran- ce, Par ta grand' bonté hau-
te, Qui iamais ne fit fau- te.

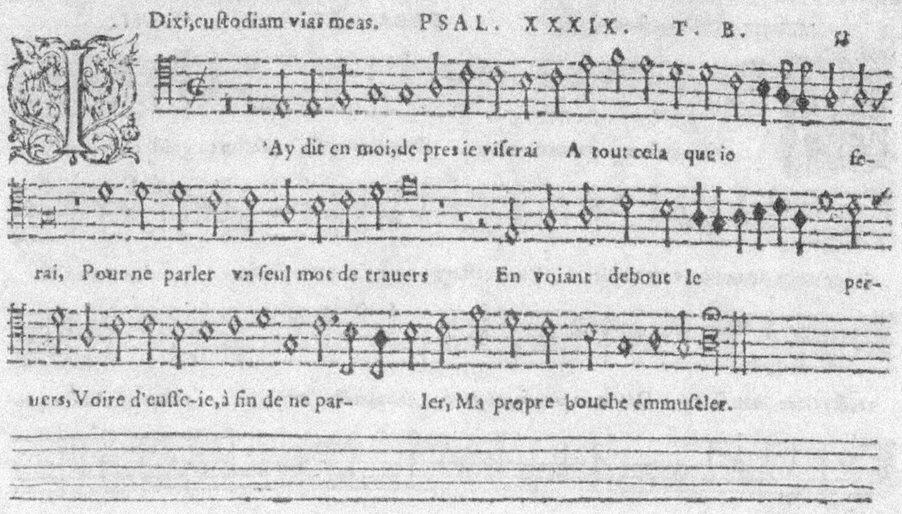
Dixi, custodiam vias meas. PSAL. XXXIX. T. B.
J'Ay dit en moi, de pres ie viserai A tout cela que ie ferai, Pour ne parler vn seul mot de trauers En voiant debout le peruers, Voire d'eusse-ie, à fin de ne par- ler, Ma propre bouche emmuseler.

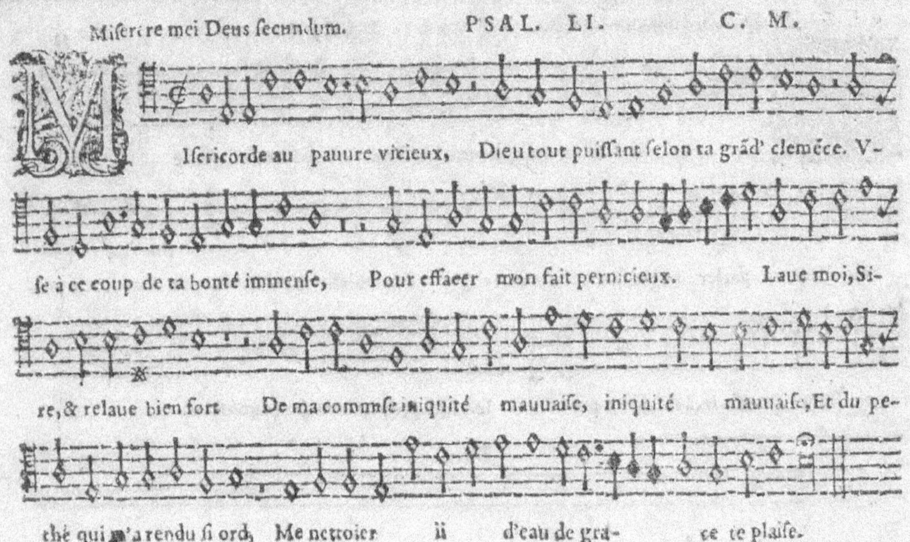
Miserere mei Deus secundum. PSAL. LI. C. M.
M
Isericorde au pauure vicieux, Dieu tout puissant selon ta grād' clemēce. V-
se à ce coup de ta bonté immense, Pour effacer mon fait pernicieux. Laue moi, Sire, & relaue bien fort De ma commise iniquité mauuaise, iniquité mauuaise, Et du pe-
ché qui m'a rendu si ord, Me nettoier ii d'eau de gra- ce te plaise.

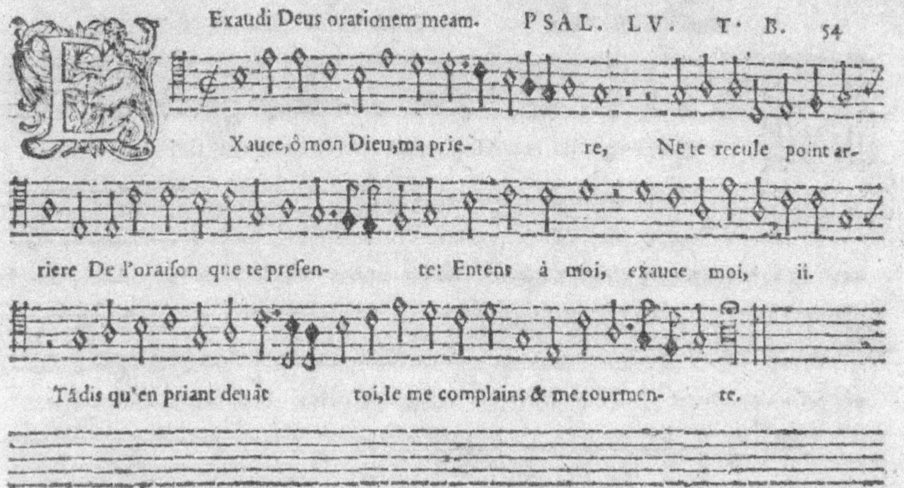
Xauce, ô mon Dieu, ma prie- re, Ne te recule point ar-
riere De l'oraison que te presen- te: Entens à moi, exauce moi, ii.
Tãdis qu'en priant deuãt toi, Ie me complains & me tourmen- te.

Saluum me fac Deus. PSAL. LXIX. T. B.
H
Elas Seigneur, ie te pri' sauue moi: Car les eaux m'ont saisi iusques à l'a-
me, Et au bourbier tresprofond & infame, Sãs fons ne riue enfondré ie me voi: Ainsi plon-
gé l'eau m'emporte, tãt las De m'escrier, que i'en ai gorge seiche: Et de mon Dieu att ndant
le soulas, De mes deux yeux la vigueur se desseiche.

Dieu, où mõ espoir i'ai mis, Viẽ soudain à ma deliurance, Seigneur, que
ton aide s'auance Encontre tous mes ennemis, Quiconque pourchasse mon ame, Soit
rempli de honte & d'esmoi: Quiconques, di-ie, en veut à moi, Tourne en arriere tout infame.

J'Ai mis en toi mon esperance, Garde moi dõc Seigneur, D'eternel deshonneur: Ottroie moi ma deliurance Par ta misericorde, Et ton secours m'accorde.

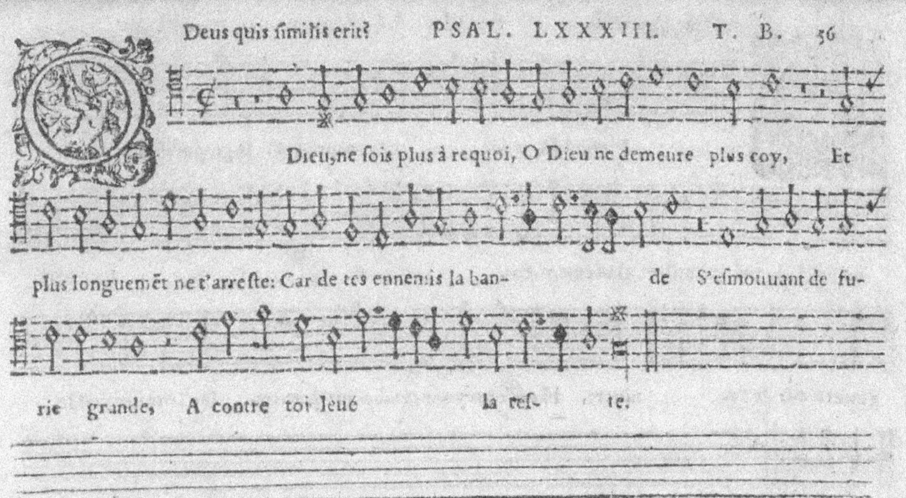
Dieu, ne sois plus à requoi, O Dieu ne demeure plus coy, Et
plus longuemēt ne t'arreste: Car de tes ennemis la ban- de S'esmouuant de fu-
rie grande, A contre toi leué la tes- te.

Deus vltionum. PSAL. XCIIII. T. B.
Eternel Dieu des vengeances, O Dieu punisseur des of-
fenses, Fai toi conoistre clairement, Fai. ii. Toi
gouuerneur de l'v- niuers, Hausse toi pour rendre aux peruers, De leur orgueil le
paiement.

VOus tous qui la terre habitez, Châtez tout haut à Dieu,chantez, Seruez à Dieu ioieusement, Venez deuant lui gaiement.

Domine,exaudi orationem.
PSAL· CII.
T. B.
Eigneur.
Rien n'empesche ni n'arreste
Mon cri d'aller iusqu'à toi:
Ne te cache point de moi.
En ma douleur nompareille,
Tourne vers moi tō aureille: Tour.
ii.
Et pour m'ouir quand ie crie,
Auance toi, ie te prie.

L
Ouez Dieu, car il eſt benin, Et ſa bonté n'a point de fin. Où
eſt celui qui la prouesſe De l'Eternel recitera, recitera? Et tous les
faits de ſa hauteſſe Entierement nous chan- tera?

Dixit Dominus, &c. sede. PSAL. CX. C. M.
'Omnipotent à mon Seigneur & mais- tre A dit ce mot, A
dit ce mot, A ma dextre te sieds, Tant que j'aurai renuersé, & fait estre Tes ennemis le scabeau de tes pieds.

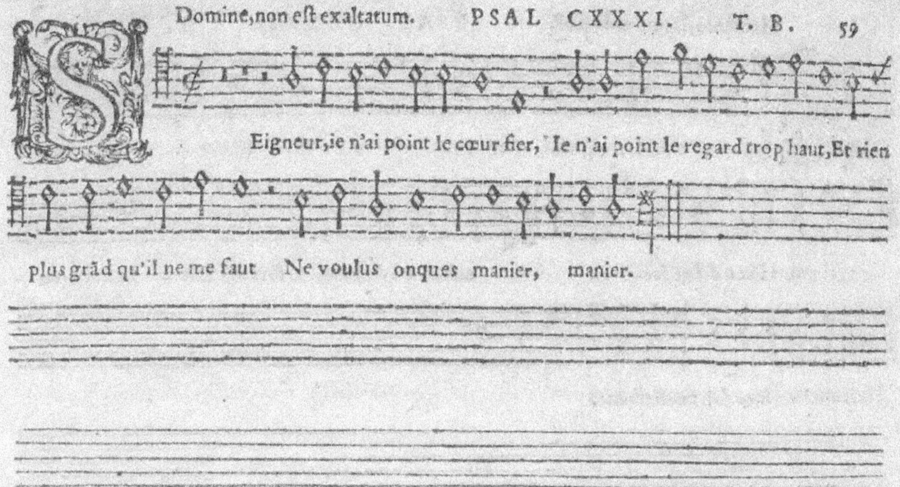
Eigneur, ie n'ai point le cœur fier, Ie n'ai point le regard trop haut, Et rien
plus grãd qu'il ne me faut Ne voulus onques manier, manier.

Memento, Domine, Dauid. PSAL. CXXXII. T. B.
Veilles, Seigneur, estre re- cors De Dauid & de son tourment:
Lui qui à Dieu a fait ser- mēt, Dieu de Iacob le fort des forts, Et fait vœu
solennellement, solennellement.

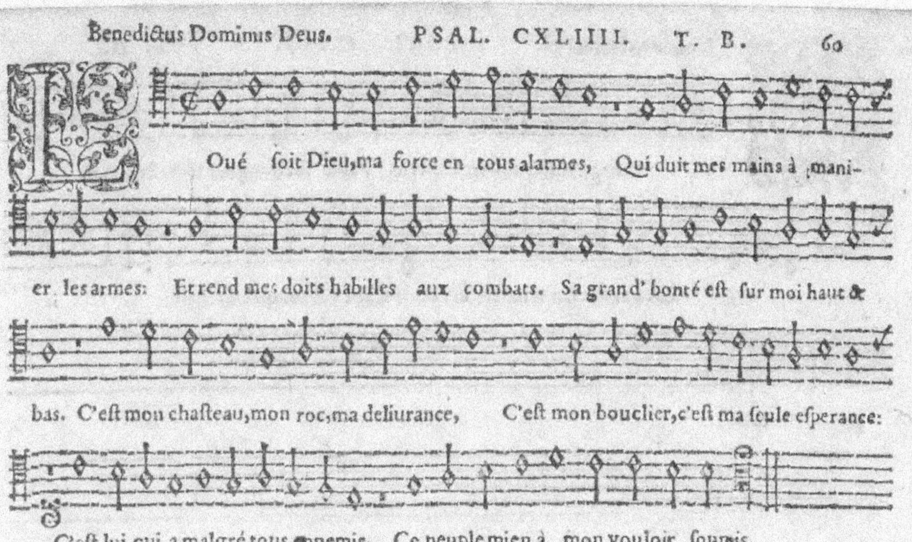
LOué soit Dieu,ma force en tous alarmes, Qui duit mes mains à mani-
er les armes: Et rend mes doits habilles aux combats. Sa grand' bonté est sur moi haut &
bas. C'est mon chasteau,mon roc,ma deliurance, C'est mon bouclier,c'est ma seule esperance:
C'est lui qui a malgré tous ennemis, Ce peuple mien à mon vouloir soumis.

Domine, clamaui ad. PSAL. CXLI. T. B.

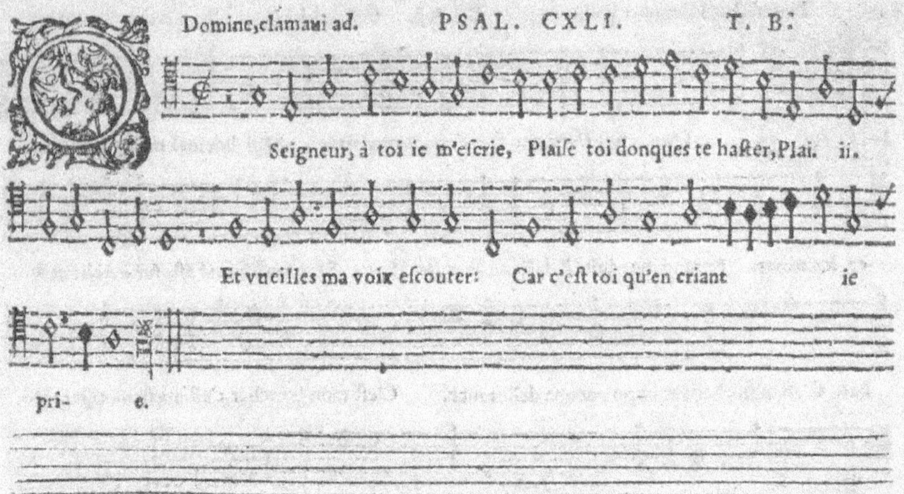

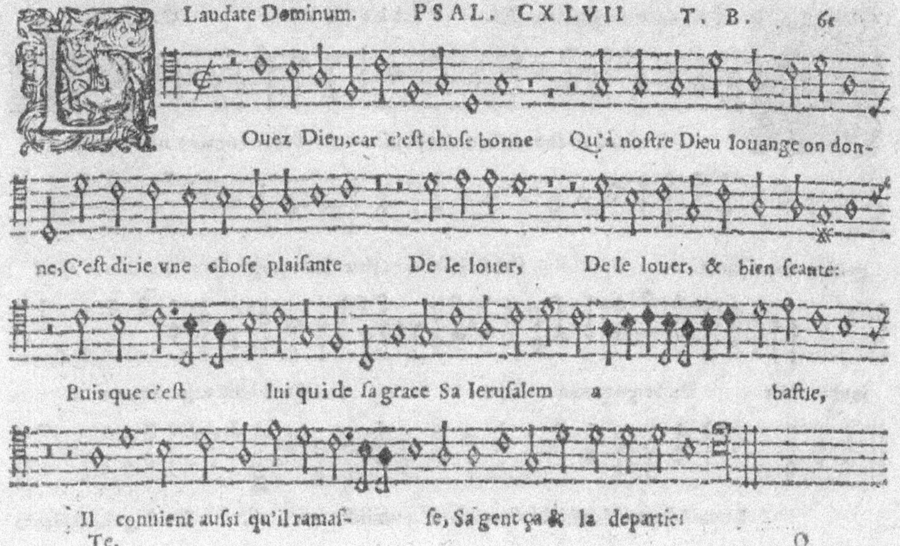
Laudate Dominum. PSAL. CXLVII T. B. 61
LOuez Dieu, car c'eſt choſe bonne
Qu'à noſtre Dieu louange on don-
ne, C'eſt di-ie vne choſe plaiſante
De le louer, De le louer, & bien ſeante:
Puis que c'eſt lui qui de ſa grace Sa Ieruſalem a baſtie,
Il conuient auſsi qu'il ramaſ- ſe, Sa gent ça & la departie:
Te.
Q

Cœli enarrant gloriam Dei. PSAL. XIX. C. M.
Es cieux en chacun lieu La puiſſance de Dieu Racontent aux humains: Ce
grād entour eſpars, Ce. ii. Publie en toutes parts L'ouurage de ſes mains. Iour apres
iour coulant Du Seigneur va par- lant, Par lōgue experience. ii.
La nuict ſuiuant la nuit Nꝰ preſche & nous inſtruit, ii. De ſa grād' ſapience

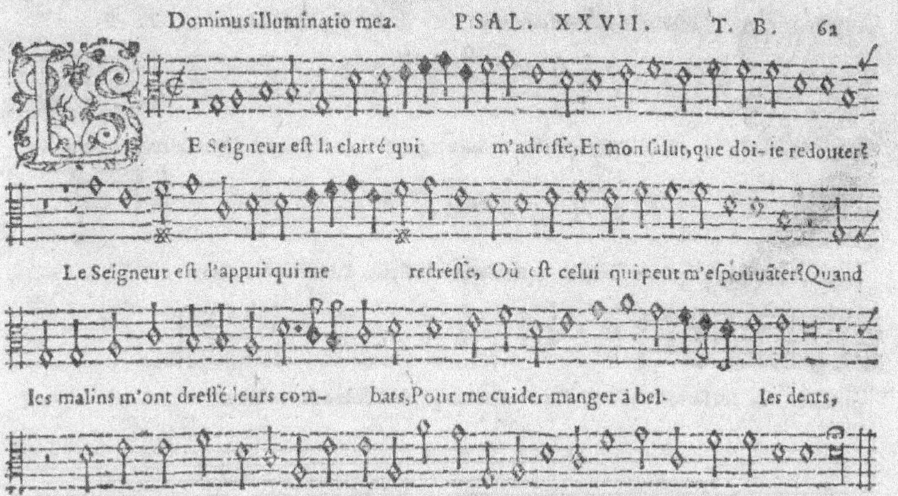
E Seigneur est la clarté qui m'adresse, Et mon salut, que doi- ie redouter?
Le Seigneur est l'appui qui me redresse, Où est celui qui peut m'espouuãter? Quand
les malins m'ont dressé leurs com- bats, Pour me cuider manger à bel- les dents,
Tous ces haineux, ces ennemis mordẽs, I'ai veu brõcher & trebucher, & trebucher en bas.

Miſerere mei Deus, miſerere. PSAL. LVII. T. B.
A
Ies pitié, aies pitié de moi: Car, ô mon Dieu, mon ame eſ-
pere en toi: Et iuſqu'à tant que ces meſchans rebelles Soient tous paſſez, ii. eſ-
perance ne foi Iamais n'aurai, Iamais n'aurai qu'en l'ombre de tes ailes.

Es qu'aduersité nous offen- se, Dieu nous est appui & deffen-
se: Au besoin l'auons es- prouué, Et grand secours en lui trouué: Dōt plus n'au-
rons crainte ne dou- te, Et deust trēbler la terre tou- te,
Et les montagnes abismer Au milieu de la haute mer.

Deus venerunt gentes. PSAL. LXXIX. C. M.
Es gens entrez sont en ton herita- ge, Ils ont pollu, Seigneur, par
leur outrage, Tô temple saint, Ierusalem destruite, ii. Si
qu'en monceaux de pierres l'ont redui- te. Ils ont baillé les corps De tes seruiteurs morts, Aux corbeaux pour les pais- tre: La chair des bien-viu ans Aux ani-

maux suiuans Bois & pleine champe stre.
D'Où vient, Seigneur, que tu nous as es- pars, Et si lõg temps ta fureur
enflamme e Vomit sur nous tant espesse fume- e, Voi-
re sur nous les brebis de tes parcs?

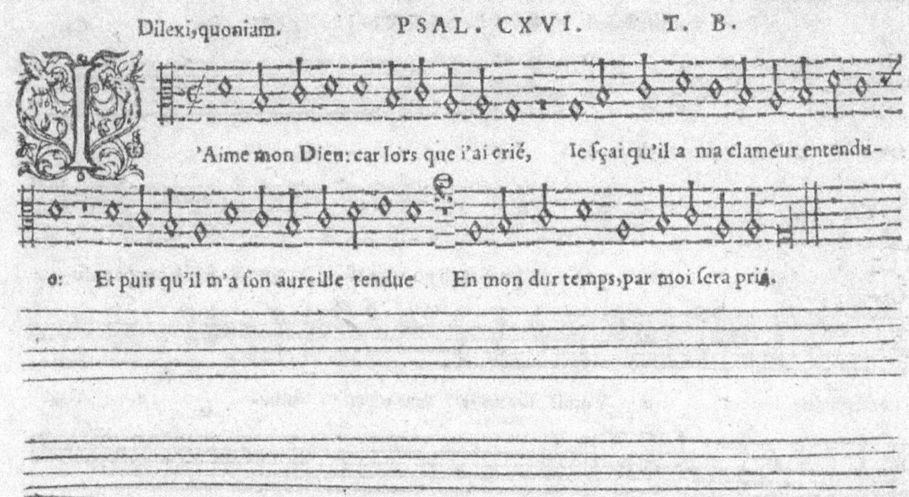
I'Aime mon Dieu: car lors que i'ai crié, Ie sçai qu'il a ma clameur entendu-
o: Et puis qu'il m'a son aureille tendue En mon dur temps, par moi sera prié.

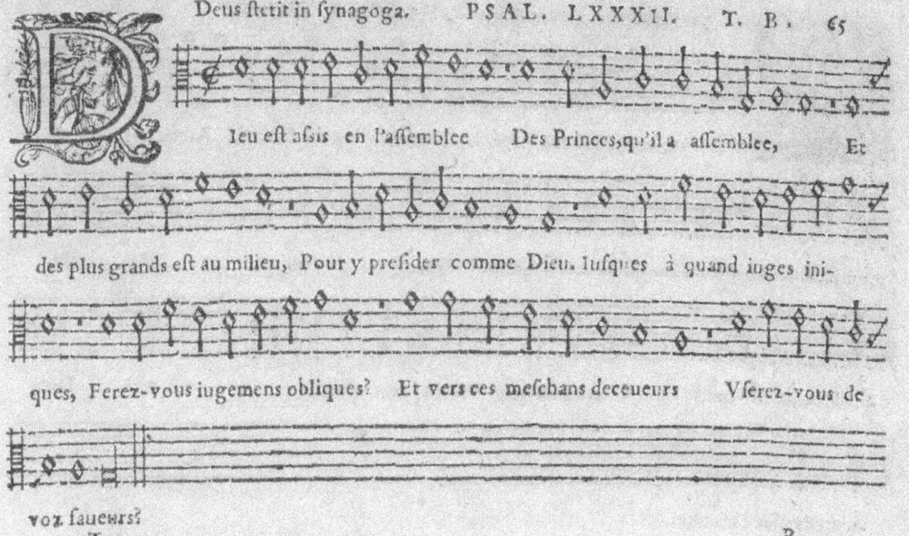
D
Ieu est assis en l'assemblee Des Princes, qu'il a assemblee, Et
des plus grands est au milieu, Pour y presider comme Dieu. Iusques à quand iuges iniques, Ferez-vous iugemens obliques? Et vers ces meschans deceueurs Vserez-vous de
voz faueurs?

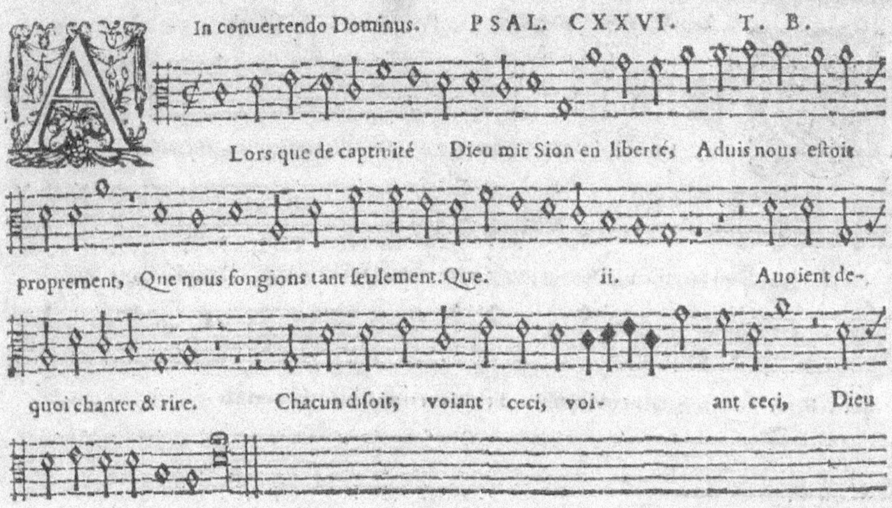
In conuertendo Dominus.
PSAL. CXXVI.
T. B.
A
Lors que de captiuité Dieu mit Sion en liberté, Aduis nous estoit
proprement, Que nous songions tant seulement. Que. ii. Auoient de-
quoi chanter & rire. Chacun disoit, voiant ceci, voi- ant ceci, Dieu
fait merueilles à ceux-ci.

MOn Dieu, mō Roi, haut ie t'eſleuerai, Et tō ſaint nom ſans fin ie chā te-
rai. Ie veux tō los chacū iour pu- blier, Et pour ia- mais, ii. ton nom glorifi-
er. Le Seigneur eſt, Le Seigneur eſt treſgrād & admirable, Et ſa grandeur n'eſt à nous cōpre-
nable: De pere en fils ſes faits on magnific, Et ſa puiſſan- ce entre iceux ſe publi e.

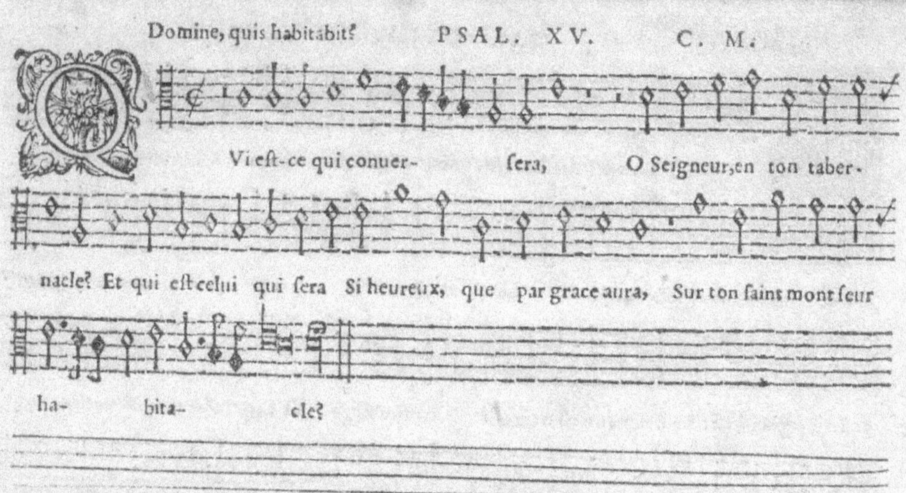
Domine, quis habitabit? PSAL. XV. C. M.
Q
Vi est-ce qui conuer- sera, O Seigneur, en ton taber-
nacle? Et qui est celui qui sera Si heureux, que par grace aura, Sur ton saint mont seur
ha- bita- cle?

Eigneur, puis que m'as retiré, Puis que n'as iamais en- du-
ré, Que mes haineux eussent dequoi Se rire & se moquer de moi,
La gloire qu'en as meritee, Par mes vers te sera chante- e.

Si verè vtique iustitiam.
PSAL. LVIII.
T. B.
Ntre vous Conseillers, qui estes Liguez & bandez contre moi, Di-
tes vn peu, Dites vn peu en bonne foi, Est-ce iustice que vous faites? En-
fans d'Adam vous meslez-vous De faire la raison à tous?

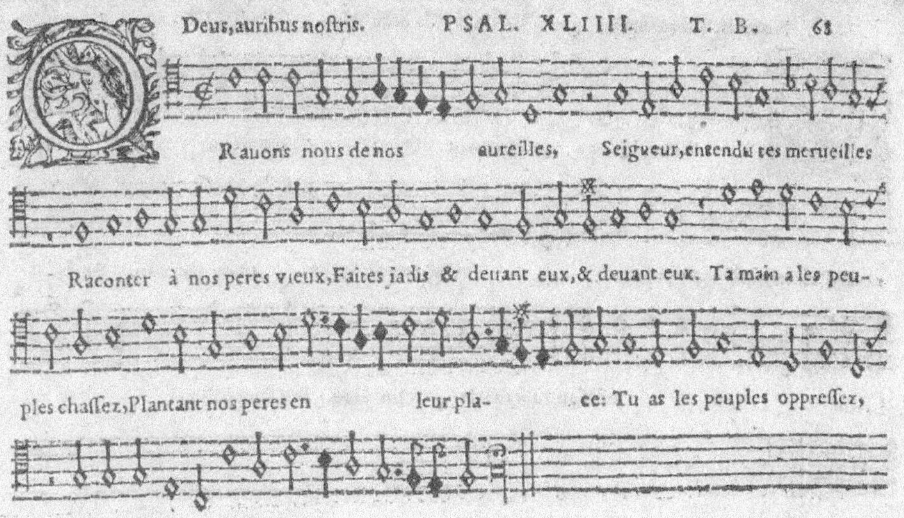
Deus, auribus nostris. PSAL. XLIIII. T. B. 63
Rauons nous de nos aureilles, Seigueur, entendu tes merueilles
Raconter à nos peres vieux, Faites jadis & deuant eux, & deuant eux. Ta main a les peu-
ples chassez, Plantant nos peres en leur pla- ce: Tu as les peuples oppressez,
Y faisant germer nostre ra- ce.

C'Est en Iudee proprement Que Dieu s'est acquis vn re-
nom: C'est en Israël voirement Qu'on voit la for- ce de son nom En Sa-
lem est son tabernacle, En Sion son saint habita-
cle.

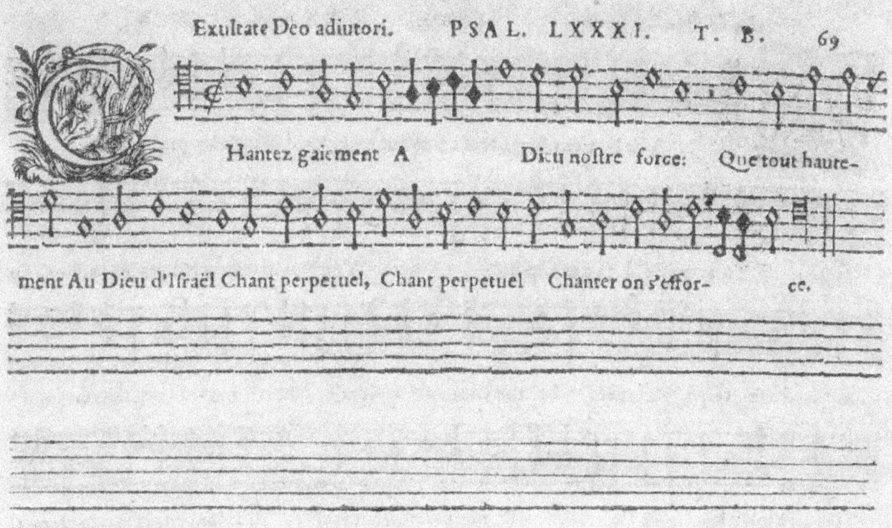
CHantez gaiement A Dieu nostre force: Que tout haute-
ment Au Dieu d'Israël Chant perpetuel, Chant perpetuel Chanter on s'effor- ce.

Benedixisti Domine terram. PSAL. LXXXV. T. B.
AVec les tiens, Seigneur, tu as fait paix, Et de Iacob les prisonniers
lachez: Tu as quitté à ta gent ses mef- faits, Voire tu as couuert tous ses pechez. Tu
as loin d'eux ton despit retiré, Et ton courroux violent mo- deré.
O Dieu, en qui git le salut de nous, Restabli nous, ii. appaisant ton courroux.

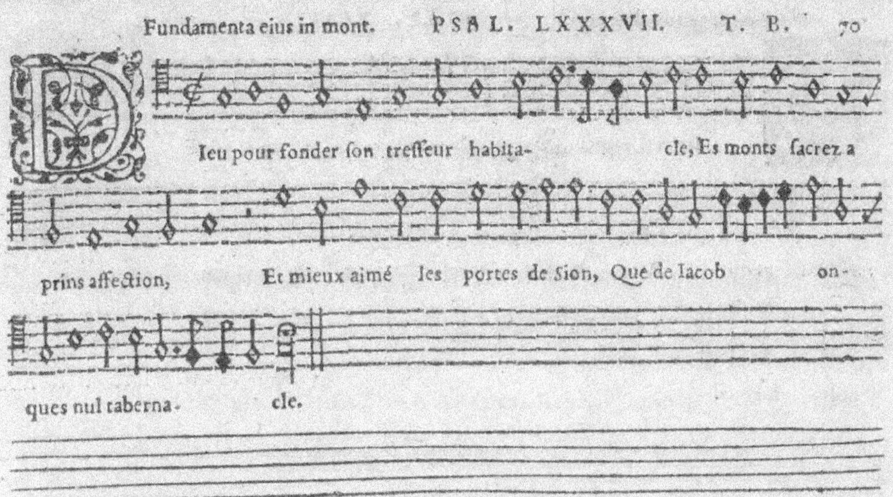
D
Ieu pour fonder ſon treſſeur habita- cle, Es monts ſacrez a
prins affection, Et mieux aimé les portes de Sion, Que de Iacob onques nul taberna- cle.

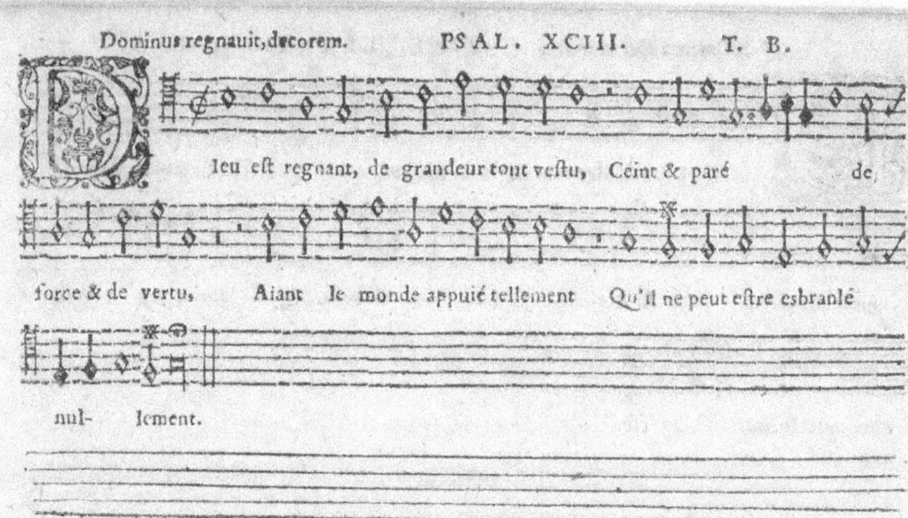
Dominus regnauit, decorem. PSAL. XCIII. T. B.
DIeu est regnant, de grandeur tout vestu, Ceint & paré de force & de vertu, Aiant le monde appuié tellement Qu'il ne peut estre esbranlé nul- lement.

Benedic anima mea. PSAL. CIII. T. B. 71
Vs louez Dieu, mon ame, en toute cho- se, Et tout ce
la qui dedans moi repose, Louez son nom tressaint & accompli: Presente à Dieu louanges & seruices, O toi mon ame, & tant de benefices, Qu'en as re-
ceu, ne les mets en oubli.
S iii

Laudate pueri Dominum. PSAL. CXIII. C. M.
ENfans, qui le Seigneur ſer- uez, Louez-le & ſon nom eſle-
uez: Louez ſon nom, & ſa hauteſ- ſe: Soit preſché, ſoit fait ſo-
lennel Le nom du Seigneur e- ternel, Par tout en ce temps & ſans ceſ- ſe.

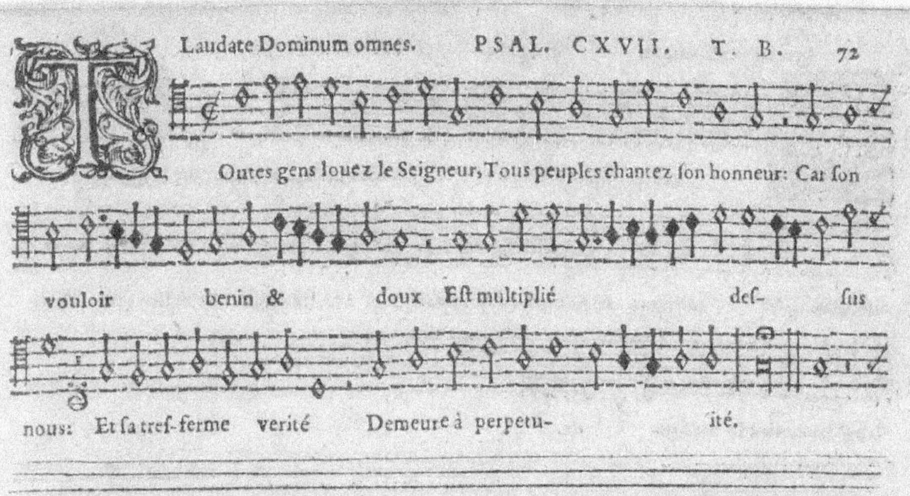
TOutes gens louez le Seigneur, Tous peuples chantez ſon honneur: Car ſon
vouloir benin & doux Eſt multiplié deſ- ſus
nous: Et ſa treſ-ferme verité Demeure à perpetu- ité.

Leuaui oculos meos. PSAL. CXXI. T. B.
V
Ers les monts i'ai leué mes yeux, Cuidant auoir d'enhaut Le
ſecours qu'il me faut: Mais en Dieu qui a fait les cieux Et ceſte terre ron-
de, Maintenant ie me fon- de.

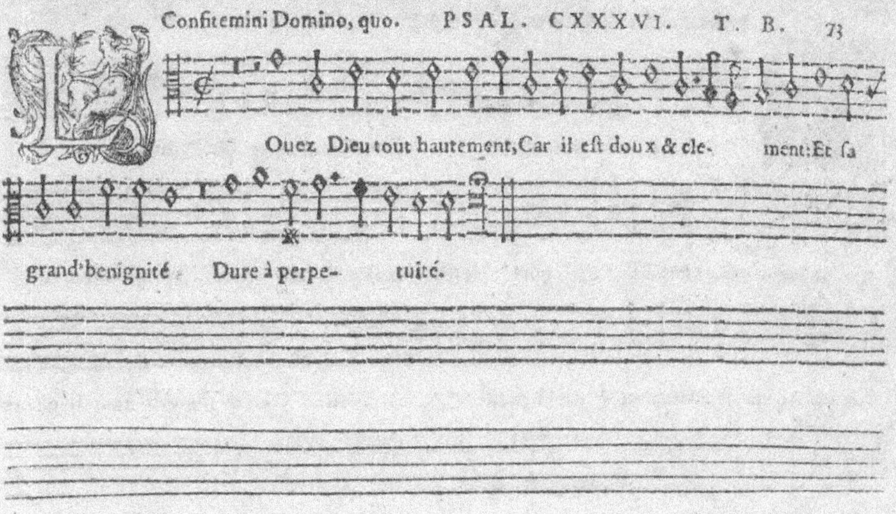
Ouez Dieu tout hautement, Car il est doux & cle- ment: Et sa
grand' benignité Dure à perpe- tuité.

Super flumina Babylonis. PSAL. CXXXVII. C. M.
E
Stans afsis aux ri- ues aquatiques De Babylon,
plorions melancholi- ques Nous souuenans du pa- ys de Sion: Et
au milieu de l'habitation, de l'habita- tion, Où de regrets tant de pleurs
espandismes, Aux saules verds ii. nos harpes nous pendismes.

Dieu Eternel, mon Sauueur, Iour & nuit deuant toi ie cri-
e, Ie crie: Paruienne ce dont ie te prie Iusques à toi, par ta faueur:
Vueilles helas, l'aureil- le tendre A mes clameurs, pour les enten- dre.

Cùm inuocarem, exaudiuit me. PSAL. IIII. C. M.
Q
Vand ie t'inuoque helas escoute, O Dieu de ma cause & raison: Mon cœur serré au
large bou- te, De ta pitié ne me rebou- te, Mais exauce
mon oraison. Iusques à quand gens inhumaines Ma gloire abatre tas-
cherez? Mi. ii. Iusques à quand emprises vai- nes,

Aimerez vous, Aimerez vous & cercherez? & cercherez?
E vueilles pas, ô Si- re, Me reprendre en ton i- re,
Moi qui t'ai irrité: N'en ta fureur terri- ble Me punir de l'horrible, Me punir
de l'horriblé Tourment qu'ai merité.

Diligam te Domine. PSAL. XVIII. C. M.
E t'aimerai en toute obeissance Tant que viurai, ô mon Dieu,ma puis-
sance: Dieu c'est mon roc, mon rempart haut & seur,C'est ma rançon,
c'est mon fort defenseur.
N lui seul gît ma fiance parfaite: C'est mon pauois,mes armes,

ma retraite. Quand ie l'exalte & prie en fer- me foi, Soudain recoux
des en- nemis me voi. Dangers de mort vn iour m'enuironnerent, Et grans
torrens de malins m'estonnerent: I'estoi bien pres du sepulchre venu, du sepulchre venu, Et des filets de la mort preuenu.

Te decet hymnus. PSAL. LXV. T. B.

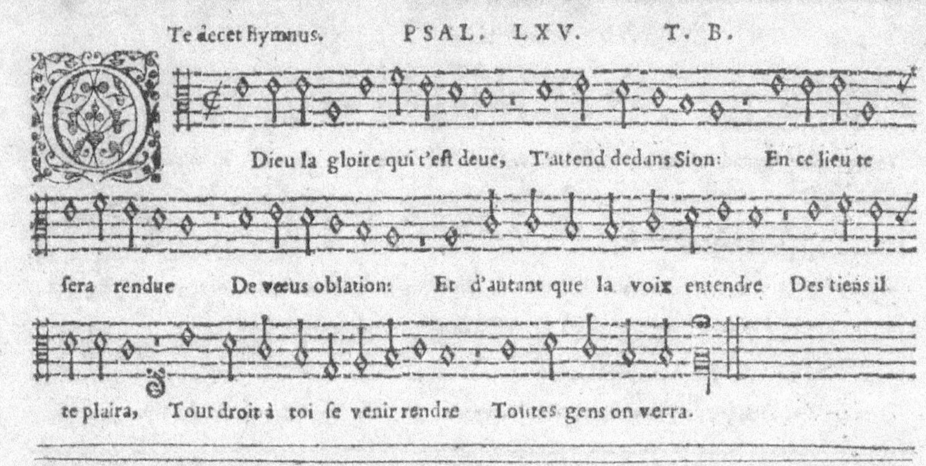

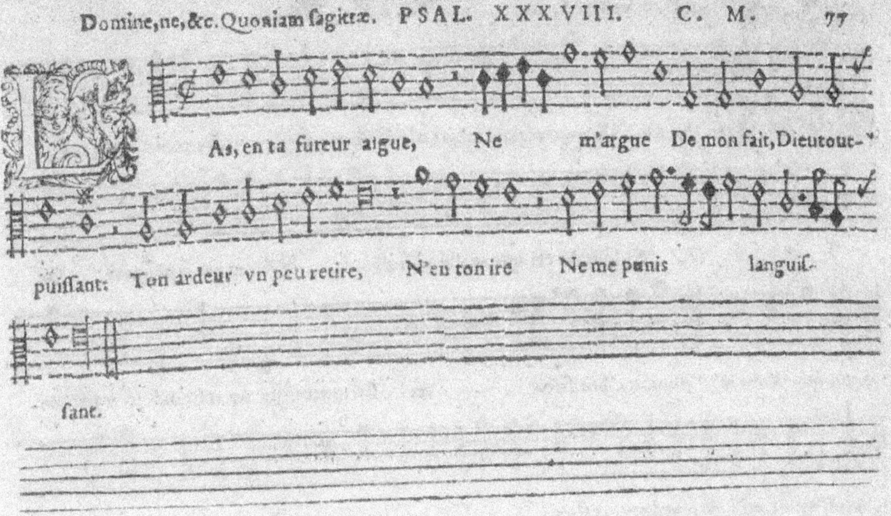
As, en ta fureur aigue, Ne m'argue De mon fait, Dieu tout-
puissant: Ton ardeur vn peu retire, N'en ton ire Ne me punis languis-
sant.

V

Ten.

Deus Deus meus reſpice.
PSAL. XXII.
C. M.
MOn Dieu, mō Dieu, pourquoi m'as tu laiſſé Loin de ſecours, d'ennui tāt oppreſ-
ſé, Et loin du cri que ie t'ai addreſ- ſé En ma complainte? De
iour, mon Dieu ie t'inuoque ſans fein- te, Et toutesfois ne reſpond ta voix ſainte, De nuit auſſi & n'ai dequoi eſtein- te Soit ma clameur.
ii.

T
Es iugemens Dieu verita- ble,Baille au Roi pour regner: Vueilles ta iu- ſtice equitable Au fils du Roi donner. Au. ii. Il tiendra
ton peuple en iuſtice, Chaſſant iniquité, Chaſſant ini- quité, A
tes poures ſera propice, Leur gardant equité.

Ego ſum Dominus Deus. Exod. XX. C. M.

LEue le cœur, ouure l'aureille, Peuple endurci, pour eſcouter, De ton Dieu la voix nompareille, Et ſes commandemens gouſter.

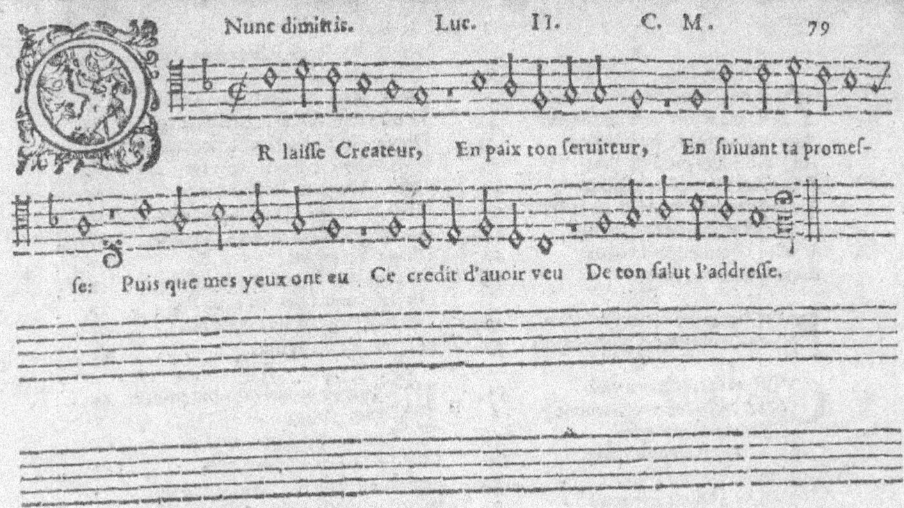
R laiſſe Createur, En paix ton ſeruiteur, En ſuiuant ta promeſ-
ſe: Puis que mes yeux ont eu Ce credit d'auoir veu De ton ſalut l'addreſſe.

TABLE.

FIN.

www.ingramcontent.com/pod-product-compliance
Lightning Source LLC
La Vergne TN
LVHW012005220826
846092LV00001B/239